KB164857

앤과 함께
프린스에드워드섬을 걷다

앤과 함께
프린스에드워드섬을 걷다

루시 모드 몽고메리의 삶과 앤을 찾아 떠난 여행

김은아 · 김희준

담다

prologue

하나로 이어지는 앤과 몽고메리 그리고 프린스에드워드섬

40대 중반부터 50대 초반의 청자를 대상으로 문학 강의를 할 때마다 앤 이야기를 꺼낸다. 같은 추억을 공유하는 세대이기도 하고, 앤 이야기에는 사람의 마음을 어루만져 주는 치유의 힘이 있기 때문이다. 그 힘은 바로 알프레트 아들러(개인심리학의 창시자, 1870~1937)가 중요하게 다룬 인생 3대 과업인 '일, 사랑, 우정'이다. 앤이 그린 게이블스에 온 이후부터 하나씩 성취해 나간 것, 작품 속의 수많은 인물이 서로 돕고 의지하며 공동체에서 이뤄 낸 것은 일과 사랑 그리고 우정으로 압축된다. 그래서 앤 이야기는 테라피 도구로 활용하기에 좋다.

그런데 앤이라는 공통분모로 상호작용을 하다 보면 "저도 앤 엄청 좋아해요!"라고 반색하면서도 앤 시리즈가 모두 여덟 권이라고 말하면 깜짝 놀란다. 이는 어릴 적에 애니메이션으로 앤을 만난 이들의 반응이다. 그래서 오히려 반갑다. 앤 읽기의 세계로 안내할 수 있으니까. 넷플릭스 드라마 〈Anne with an 'E'〉를 재미있게 봤다고 말하는 이들과의 대화도 즐겁다. 어떤 매체로 봤든 앤을 안다는 것만으로 반가워서 기회가 되면 전 권을 꼭 읽어 보라고 권한다.

여덟 권을 모두 정성 들여 읽고 나면 앤 이야기가 왜 훌

룡한 문학 작품으로 평가받는지, 어떤 이유로 100년이 훌쩍 지난 지금까지 세계의 수많은 독자로부터 사랑받고 있는지 알게 된다. 각 권에 녹아 있는 삶과 사람에 대한 애정은 따뜻하고, 자연에 대한 풍부한 묘사는 아름다우며 경구警句처럼 파고드는 문장들은 독자를 감동과 성찰에 이르게 한다. 또 작품 속에는 1800년대 후반 캐나다의 정치·경제·사회·문화가 오롯이 녹아 있다. 오늘날의 관점에서 본다면 이해되지 않는 부분도 많지만, 문화지능을 높여 과거와 현재 그리고 미래를 아우르는 통합적인 사고로 읽으면 '아, 그때 캐나다는 그랬구나!' 하고 고개가 끄덕여진다. 그리고 어느새 초록지붕집이 있는 프린스에드워드섬으로 날아가고 싶어진다.

캐나다 남동부의 세인트로렌스만에 있는 프린스에드워드섬은 '앤의 고장', '자연박물관', '휴일의 섬'으로 불린다. 그중에서도 전 세계 관광객을 불러 모으는 가장 큰 힘은 작가 루시 모드 몽고메리와 그의 대표작인 앤 시리즈로, 이 문학적인 자산은 섬의 가장 큰 자랑거리다. 7년 만에 다시 찾은 프린스에드워드섬은 여름의 아름다움으로 가득했다.

변한 것도 있고 그대로인 것도 있고, 새로 생긴 것도 있고 없어진 것도 있고, 넘쳐 보이는 것도 있고 적당해 보이는 것도 있고, 좋다 싶은 것도 있고 안타까운 것도 있었다. 크고 작은 변화 속에서도 분명한 한 가지는 몽고메리의 삶과 앤을 찾아온 이들이 반가워할 만한 문학적 요소와 볼거리가 예전보다 더 많아지고 세련된 모습으로 단장되었다는 사실이다.

프린스에드워드섬의 여름은 무척 매력적이다. 그래서 마치 이 섬에는 여름의 아름다움만 있을 것 같지만, 짧은 봄과 가을 그리고 5개월가량 이어지는 지루한 겨울도 있다. 몽고메리는 프린스에드워드섬에서 지역 사회를 이루며 사는 이들의 삶을 앤 이야기에 멋지게 녹여냈고, 그 덕분에 이곳은 세계적인 명소가 되었다. 관광객처럼 '휙' 왔다가 가는 속도를 버리고 음미하듯 천천히 섬을 둘러보면 몽고메리가 그의 자서전에 "이보다 아름다운 곳이 세상에 또 있을까?"라고 표현한 이유에 고개가 끄덕여진다.

바람 한 점 없는 날, 인적이 드문 곳은 새소리조차 들리지 않는 고요함으로 가득하다. 섬에 며칠 머물면서 같은 장소를 날씨가 다른 날, 다른 시간대에 가 보면 그때마다 고요가 다르게 느껴진다. 생기 넘치고 활발하면서도 고요를 사랑하는 앤의 모습은 『바람 부는 포플러나무집의 앤*Anne of Windy Poplars*』 2장에 잘 나타나 있다. 앤은 연인이 된 길버트에게 편지를 쓰면서 고요에도 여러 종류가 있다고 생각해 본 적 있는지 묻는다. 숲속의 고요, 바닷가의 고요, 목장의 고요, 밤의 고요, 여름 오후의 고요가 모두 다른 이유는 저마다 아래에서 엮어 내는 소리가 다르기 때문이라고 썼다. 이처럼 앤 이야기는 한 번도 귀 기울여 보지 않은 것에 시선을 두게 한다.

소설을 읽다 보면 작가의 삶이 궁금해지고, 이야기의 배경이 된 장소에 가 보고 싶은 마음이 든다. 앤과 몽고메리 그리고 프린스에드워드섬은 따로 떼어서 생각할 수 없는 하나이기 때문이다. 그래서 이 책에 세 가지를 모두 담았다.

서두에서는 몽고메리의 삶과 작품 세계를 살펴보고 본문은 몽고메리의 삶을 엿볼 수 있는 곳, 앤 이야기의 무대가 된 곳을 다니며 찍은 사진과 설명을 넣어 구성했다. 하지만 이 책은 여행안내서가 아니기에 인천공항에서 프린스에드워드섬까지 가는 방법이나 교통편과 숙소, 맛집 등을 시시콜콜하게 소개하는 식의 친절함은 빠져 있다. 대신 앤을 이미 읽었거나 완역본 또는 원서 읽기를 시작하려는 예비 독자들 그리고 몽고메리의 삶과 프린스에드워드섬이 궁금한 이들에게 종합 선물 세트 같은 안내서 역할을 할 수 있을 것 같다.

2024년은 몽고메리가 탄생한 지 150주년이 되는 해다. 프린스에드워드섬에서 어떤 기념행사가 열릴지 모르겠지만 같은 관심사를 가진 이들, 몽고메리의 삶과 앤을 만나러 가려는 이들에게 이 책이 조금이라도 도움이 되기를 바란다.

2024년 1월
PEI의 겨울 풍경을 그리며
김은아

차례

4장 앤과 함께 걷다 · 앤 이야기의 무대를 찾아서

5장 몽고메리와 함께 걷다 · 삶, 사랑 그리고 희망을 찾아서

6장 핼리팩스를 걷다 · 레드먼드의 앤을 찾아서

작가의 말

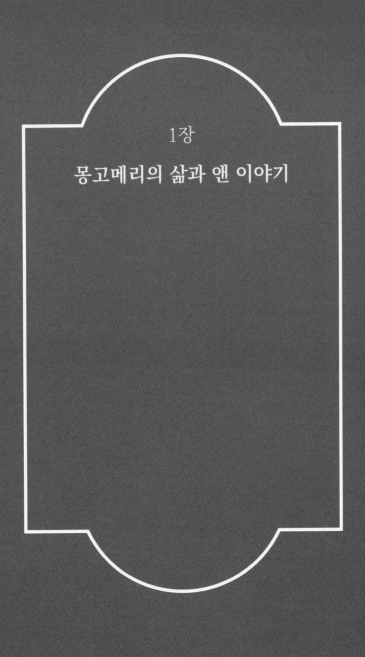

1장

몽고메리의 삶과 앤 이야기

외로운 유년기

루시 모드 몽고메리Lucy Maud Montgomery. 우리는 그를 '모드' 대신 '몽고메리'로 부르는 데 익숙하다. 그녀는 아홉 살 때부터 시를 읽고 글을 썼다. 평생에 걸쳐 21편의 장편 소설과 500여 편의 단편 소설, 시 500여 편을 썼으니 부지런한 작가 리스트를 만든다면 단연 톱에 오를 이름이다.

몽고메리는 1874년 11월 30일, 캐나다 프린스에드워드섬Prince Edward Island에 있는 클리프턴Clifton(지금의 뉴런던New London)에서 태어났다. 21개월이 되던 해 어머니인 클라라 울너 몽고메리Clara Woolner Montgomery가 결핵으로 세상을 떠나고, 몇 달 뒤 아버지 휴 존 몽고메리Hugh John Montgomery마저 서부로 떠나는 이주민 대열에 합류하면서 몽고메리는 캐번디시에 있는 외할아버지 알렉산더 마르퀴스 맥닐Alexander Marquis Macneill과 외할머니 루시 울너 맥닐Lucy woolner Macneill에게 맡겨진다. 몽고메리는 그의 자서전에서 글 쓰는 재주와 문학적 취향을 어머니 쪽에서 물려받았다고 밝혔다.

Daniel Macneill
Postmaster 1833-1859
Maître de poste de 1833 à 1859

Sarah Poole Macneill
Postmistress 1860-1870
Maîtresse de poste de 1860 à 1870

Alexander Macneill
Postmaster 1870-1898
Maître de poste de 1870 à 1898

Lucy Woolner Macneill
Postmistress 1898-1911
Maîtresse de poste de 1898 à 1911

Lucy Maud Montgomery
Assistant postmistress 1890-1911
Maîtresse de poste de 1890 à 1911

John Macneill
Postmaster 1911-1913
Maître de poste de 1911 à 1913

그린 게이블스 우체국에 있는 몽고메리의 가계도

1775년 스코틀랜드에서 프린스에드워드섬으로 이주한 외고조할아버지 존 맥닐은 캐번디시의 북쪽 해안가에 정착해 12명의 자녀를 두었다. 그중 몽고메리의 외증조할아버지 윌리엄 맥닐은 웅변가이자 풍자시를 지었으며 인근 지역 정치에 영향력을 행사했다. 외할아버지는 산문 창작에 능했고, 다른 외증조할아버지 제임스 맥닐은 타고난 시인으로 수백 편의 시를 지었다.

할아버지인 도널드 몽고메리Donald Montgomery는 캐나다 상원 의원장을 역임한 저명인사로 상당한 부자였다. 양쪽 집안이 모두 부유했기에 가족 중 일부는 고등교육을 받고 높은 지위까지 올라갔다. 이 같은 명문가에서 태어났지만 부모 없는 몽고메리의 삶은 외롭고 척박했다.

외할아버지는 문학적 감수성은 있었지만, 엄격하고 권위적이며 짜증을 많이 내는 성마른 사람이어서 어린 손녀의 마음을 자주 멍들게 했고, 부모 없이 자라는 아이의 정서적인 허기와 여린 마음을 보듬을 줄 몰랐다. 외할머니는 항상 몽고메리를 깨끗하게 입히고 교육시키는데는 후한 반면 까다로운 성미로 몽고메리를 힘들게 했다. 친척들은 집에 놀러 올 때마다 몽고메리의 행동을 지적하며 간섭했고, 부모 대신 자신을 키워 주는 할아버지와 할머니께 언제나 고마워하고 잘해야 한다는 훈계를 늘어놓았다. 그래서 몽고메리는 "어린아이가 노인들 손에서 길러지는 것은 대단히 불행한 일"이라고 일기에 썼다.

외로운 유년기를 보내면서도 몽고메리는 자신을 두고 떠난 아버지를 원망하지 않았다. 편지를 수시로 주고받으며 자신과 아버지가 정서적으로 연결되어 있다고 생각했다. 1890년 열다섯 살이 되던 해에 아버지와 함께 살게 되어 서스캐처원Saskatchewan주의 프린스앨버트Prince Albert로 갔다. 그러나 기대와는 달리 힘든 시간이 그녀를 기다리고 있었다. 편협한 인격을 가진 새어머니는 남편과 딸 사이를 질투하는가 하면 수시로 몽고메리의 일기장을 훔쳐보았다. 그래서 몽고메리는 새어머니의 눈치를 살피며 아버지와 거리를 두어야 했고, 갓 태어난 동생을 돌보느라 학교에 가지 못하는 날이 많았다. 이는 그녀에게 매우 큰 고통이었다.

불안 속에서도 꿈을 키운 10대와 20대 시절

몽고메리는 새어머니와의 갈등 때문에 더는 아버지와 함께 살지 못하고 1891년 여름, 1년 만에 고향으로 돌아간다. 이후 교사 자격을 취득하기 위해 1893년부터 다음 해까지 샬럿타운에 있는 프린스오브웨일스 전문학교Prince of Wales College에서 공부하고, 졸업 후에는 1년간 비더포드 학교Bideford School에서 일하며 돈을 모은다.

1895년에는 핼리팩스의 댈하우지 대학교Dalhousie University에서 1년간 영문학 특별과정을 이수하는 과감한 투자를 한다. 이때 했던 수준 높은 공부는 훗날 작가로서의 삶과 예술적 유산에 큰 영향을 미쳤다. 영국과 미국의 잡지를 비롯해 여러 출판물에 정기적으로 시와 에세이를 기고하면서 글쓰기 실력을 쌓아 나갔다. 투고한 원고가 되돌아오는 일이 잦았지만, 그녀는 "실을 잣듯이 이야기를 엮어 내는 일, 방 창문 앞에 앉아 날개를 펴고 솟아오르는 공상을 지어내는 일을 사랑한다"라고 일기에 썼다.

핼리팩스에서 공부를 마치고 고향으로 돌아와 벨몬트 학교에서 학생들을 가르치는 동안에도 매일 새벽에 일어나 꽁꽁 언 손을 녹여 가며 글쓰기에 매진했다.

1898년 외할아버지가 세상을 떠나자, 몽고메리는 캐번디시로 돌아와 외할머니와 함께 살면서 우체국 일을 돕는다. 1901년부터는 글쓰기로 그럭저럭 생활을 꾸려 갈 만한 수입을 거두기 시작했지만, 집이 없는 불안감이 항상 그녀를 따라다녔다. 남아 선호 사상이 강했던 외할아버지는 캐번디시의 집과 농장을 아들에게 상속했고, 아내와 손녀에게는 아무 유산도 남기지 않았다. 이 때문에 외할머니가 살아 있는 동안에만 지낼 수 있다는 조건으로 집에 머물 수 있었다.

몽고메리는 돌아갈 집이 없어지는 것을 늘 걱정했고, 그 심정을 일기에 썼다. 불행하게도 몽고메리는 친가로부터도 경제적 도움을 거의 받지 못했다. 아버지가 하는 사업마다 실패를 거듭한 데다 정치에도 뜻을 두었으나 이루지 못한 채 1900년에 사망했기 때문이다.

스물 아홉 살의 몽고메리(그린 게이블스 우체국 소장)

『그린 게이블스의 앤』의 성공과 결혼 이후의 삶

몽고메리는 우체국 책상에 앉아 우표를 붙이고 스탬프를 찍으면서 1904년 봄부터 앤 이야기를 쓰기 시작한다. 탈고 시기는 기록마다 조금씩 차이가 있는데 1905년에서 1906년 사이로 추정된다. 완성한 원고가 다섯 개 출판사로부터 모두 출간을 거절당하자 나중에 단편으로 만들 생각을 하며 모자 상자 안에 넣어 둔다. 그러던 어느 겨울, 몽고메리는 상자 안의 원고를 발견하고는 다시 한번 출판사 문을 두드린다. 미국 보스턴의 루이스 쿠에스 페이지 & 컴퍼니Louis Coues Page & Company에서 출간을 승낙했고, 1년 후 『그린 게이블스의 앤Anne of Green Gables』을 세상에 내어놓는다.

몽고메리는 1908년 6월 20일 자 일기에 "책이 나온 오늘은 내 인생의 신기원"이라고 썼다. "위대한 책은 아니지만 나의 책, 내가 창조해 낸 바로 그 책"이라며 자신을 향한 자랑스러움을 한껏 드러냈다.

『그린 게이블스의 앤』은 5개월 동안 1만 9천 부 이상 판매되는가 하면, 1년 동안 열 차례에 걸쳐 추가 인쇄를 할 정도로 인기가 대단했다. 출간 즉시 스웨덴어로 번역되었고 미국 현대문학의 효시로 평가받는 작가이자 『톰 소여의 모험』을 쓴 마크 트웨인은 앤을 가리켜 "앨리스 이후 가장 사랑스럽고 감동적이며 즐거운 아이"라고 극찬했다.

1911년 3월 외할머니의 죽음으로 몽고메리는 더는 캐번디시 집에 머물 수 없게 된다. 이후 파크코너에 있는 이모 집에서 3개월을 보내고, 1911년 7월 5일 이완 맥도널드Ewan Macdonald 목사와 결혼한다.

새로운 인생을 시작하게 된 몽고메리는 남편을 따라 온타리오주의 리스크데일Leaskdale로 거처를 옮기고 온전히 자기 집이라 부를 수 있는 첫 번째 집과 정원을 가꾸는 기쁨을 누린다. 1912년 첫째 아들 체스터가 태어나고 2년 후 둘째 아들 휴가 사산되는 아픔을 겪지만, 1915년 셋째 아들 스튜어트가 태어남으로써 슬픔에서 벗어난다. 몽고메리는 두 아들을 키우는 동안 어머니로서 삶과 역할에 보람을 느꼈다고 일기에 썼다. 그러나 첫째 아들의 실망스러운 행실과 마음에 들지 않는 결혼으로 크게 절망한 데 이어 아들 부부의 불화와 파경은 그녀의 마음을 무척 아프게 했다.

제1차 세계대전의 공포와 남편의 우울증 악화, 첫 인연을 맺은 페이지 출판사와의 갈등과 소송 등 큰일을 한꺼번에 겪는다. 인세를 속이고 몽고메리 몰래 판권을 팔아 버린 출판사와의 싸움은 무려 11년 동안 이어졌다. 가족의 몰이해와 누구의 도움도 없이 홀로 지루한 싸움을 하면서도 몽고메리는 아내로서, 어머니로서, 작가로서 지켜야 할 책임과 의무를 다하려고 부단히 노력했다. 남편을 대신한 실제적 가장으로서 여러 역할을 하며 힘든 세월을 보냈다.

불행한 가족사에도 다행히 작가로서의 명성을 떨쳤다. 1923년에는 여성 최초로 영국 왕립예술협회 회원이 되고, 1935년에는 대영제국 훈장을 받는 영예를 누린다. 그러나 인생 후반에는 우울증으로 아무것도 하지 못하는 남편을 돌보느라 몸과 마음이 견딜 수 없을 정도로 황폐해지고, 그에 더해 임박한 제2차 세계대전에 대한 두려움에 사로잡힌다. 결국 슬픔과 괴로움으로 더는 글을 쓰지 못하고 1942년 4월 24일 68세의 나이로 생을 마감한다. 사망 원인은 두 가지로 전해진다. 사망진단서에는 관상동맥혈전증이라고 적혀 있지만 약물 과다 복용으로 스스로 생을 마감했다는 얘기도 있다.

몽고메리의 남편과 두 아들
(2017년 그린 게이블스 방문자 센터 안에 걸려 있던 사진)

삶의 소중한 기록인 일기와 스크랩북

몽고메리는 앤이 열한 살 이후로 누린 풍요로운 삶과는
달리 계속되는 불행 속에서 살았다. 남편의 우울증이 심
해지기 전까지 누린 잠깐의 행복이 전부였고, 이후 그녀
가 보낸 세월은 불안과 걱정의 연속이었다. 그녀의 쉼 없
는 글쓰기에는 경제적인 이유도 있었다. 하지만 평생에

걸친 일기 쓰기와 스크랩북 만들기는 언제나 순수한 작업이자 마음의 쉼터였다. 몽고메리가 남긴 일기와 스크랩북은 그녀의 생애와 작품 세계를 연구하는 이들에게 소중한 자료로 활용되고 있다.

2023년 7월 몽고메리 생가에 전시된 스크랩북의 일부

몽고메리는 모든 일기와 스크랩북을 아들인 스튜어트 맥도널드에게 물려주었다. 스튜어트는 어머니의 일기와 스크랩북을 보관하다가 1981년 캐나다 온타리오에 있는 궬프 대학교에 기증했다. 메리 헨리 루비오Mary Henley Rubio와 엘리자베스 워터슨Elizabeth Waterston은 1985년부터 2004년까지 몽고메리의 일기를 다섯 권으로 편집하는 데 힘을 쏟았다.

스크랩북에는 말린 꽃과 나뭇잎, 말린 꽃으로 장식한 엽서들, 예쁜 달력, 고양이 사진, 명함, 신문과 잡지에서 오려낸 시와 그림, 리본, 옷감 조각, 자작나무 껍질, 찢어진 트럼프trump 조각, 패션에 관한 사진과 그림 등 몽고메리가 애정을 쏟은 것들이 담겨 있다. 또 캐번디시 문학회 프로그램을 비롯해 프린스오브웨일스 전문학교와 댈하우지 대학교 학위 수여식 날짜와 요일 및 시간이 적힌 증명서처럼 오래 기억하고 싶은 일들에 관한 자료도 넣어 두었다. 몽고메리의 스크랩북은 *Imagining Anne: L.M.Montgomery's Island Scrapbooks*(2019)와 번역서인 『루시 몽고메리의 빨강 머리 앤 스크랩북』(2020)으로 만날 수 있다. 이 책은 블루 스크랩북과 레드 스크랩북에 실린 글과 이미지를 추려서 편찬한 것이다.

여덟 권의 앤 이야기

수많은 작품 가운데 몽고메리의 대표작이자 히트작은 단연 앤 시리즈이다. 1908년 첫 출간 이후 지금까지 35개 국어로 번역되어 5천만 부 이상 판매되었다. 대중성과 문학성을 두루 갖춘 작품으로 '고전'이라는 확고한 위치를 차지하고 있다.

몽고메리는 자신과 정서적으로 연결되어 있다고 여기는 사람들을 아끼고 사랑했다. 꽃 한 송이와 나무 한 그루, 호수에 이름을 지어 주며 그들을 향해 차곡차곡 쌓은 애정을 『그린 게이블스의 앤*Anne of Green Gables*』(1908), 『에이번리의 앤*Anne of Avonlea*』(1909), 『레드먼드의 앤*Anne of the Island*』(1915), 『바람 부는 포플러나무집의 앤*Anne of Windy Poplars*』(1936), 『앤의 꿈의 집*Anne's House of Dreams*』(1917), 『잉글사이드의 앤*Anne of Ingleside*』(1939), 『무지개 골짜기*Rainbow Valley*』(1919), 『잉글사이드의 릴라*Rilla of Ingleside*』(1921)에 아낌없이 표현했다.

『그린 게이블스의 앤』은 열한 살의 앤이 초록지붕집에 온 날부터 열여섯 살이 될 때까지 지내며 성장하는 이야기를 흡인력 있게 펼쳐보인다.

그린 게이블스의 앤 박물관에 보관되어 있는 몽고메리의 책들

『에이번리의 앤』은 에이번리 학교의 교사가 된 앤이 길 버트와 함께 마을 개선회를 만들어 활동하는 이야기, 마릴라의 먼 친척인 여섯 살 쌍둥이 남매 데이비와 도러가 초록지붕집에 와서 벌이는 일들을 재미있게 그린다.

『레드먼드의 앤』은 앤의 대학교 시절 이야기를 다룬다. 앤은 프린스에드워드섬을 떠나 킹스포트에 있는 레드먼드 대학교에서 문학을 공부하며 친구들과 함께 낭만과 젊음을 만끽한다.

『바람 부는 포플러나무집의 앤』에서 앤은 서머사이드 고등학교의 교장이 되어 부임해 오는데, 이곳의 유지인 프링글 가문과 앤의 일을 사사건건 방해하는 교사와 잘 지내기 위해 여러 방법을 모색한다. 한편 앤은 의대에 진학한 길버트와 편지를 주고받으며 사랑을 키워 가는 일에도 정성을 쏟는다.

『앤의 꿈의 집』은 많은 사람의 축복을 받으며 결혼한 앤과 길버트가 아름다운 바닷가에 자리한 '꿈의 집'에 신혼집을 꾸리고 새 친구들과 행복한 시간을 보내는 이야기를 담고 있다. 이곳에서 첫 아이를 낳자마자 잃는 아픔을 겪지만, 주위 사람들의 위로와 보살핌으로 앤은 슬픔에서 벗어난다.

『잉글사이드의 앤』은 앤과 길버트가 새 보금자리인 '잉글사이드'로 이사한 후 여섯 남매(젬·월터·낸·다이·셜리·릴라)를 키우며 아이들의 웃음 속에서 지내는 이야기로 꽉

차 있다.

『무지개 골짜기』에서는 앤과 길버트의 아이들과 마을에 새로 부임해 온 메러디스 목사의 아이들이 벌이는 소동으로 왁자지껄하다. 앤은 여전히 상상력을 중요하게 여기며 아이들의 이야기에 귀를 기울이고 정서적인 교감을 나눈다.

『잉글사이드의 릴라』는 앤 이야기 중에서 가장 슬프고 무겁다. 앤과 길버트의 막내딸인 릴라가 주인공이고, 앤은 배경으로 잠깐 등장한다. 무엇 하나 부족한 것 없이 가족의 사랑을 듬뿍 받으며 철없이 지내던 릴라가 제1차 세계대전에 휘말린 캐나다에서 전장으로 나간 두 오빠와 친구들을 뒷바라지하면서 성장하는 이야기를 담고 있다.

이처럼 몽고메리는 작품 속에서 앤뿐만 아니라 그녀와 함께하는 가족과 주위 사람들의 성장과 변화를 그렸다. 그래서 뒤로 갈수록 앤 특유의 생기발랄함이 사라지고 원숙한 여성의 삶에 초점이 맞춰진 전개를 안타까워하는 독자들도 있다. 이는 아마도 첫 번째 책인 『그린 게이블스의 앤』이 심어 놓은 강렬한 인상 때문일 것이다.

여덟 권이 갖는 저마다의 속도와 감동의 결은 달라도, 사람과 세상을 향한 따뜻한 시선과 애정은 조금도 줄어들지 않았다.

2장

그린 게이블스의 앤을 만나기 전

케이프 주리메인 자연 센터

Information
위치 5039 NB-16, Bayfield, NB E4M 3Z8
URL https://www.capejourimain.ca
입장료(2023년 기준): 승용차 $10.00, 버스 $60.00, 학교 또는 비영리단체 무료

컨페더레이션 브리지를 건너기 전에 있는 자연 생태 공원이자 쉼터다. 센터 안에는 기념품 가게, 간단한 음료와 간식을 먹을 수 있는 카페, 자연정화 방식의 화장실이 있다.

화장실의 원리를 설명하는 안내판에 적힌 의미심장한

문구가 눈에 띈다.

"Leave Nothing behind but Footprints."

발자국 외에는 아무것도 남기지 말라고 한다. 센터 왼쪽 옆으로 난 오솔길 끝에 전망대 역할을 하는 덱deck이 있어서 바다를 가로지르는 컨페더레이션 브리지를 가까이서 볼 수 있다. 산책로를 따라 한참 걸으면 유서 깊은 케이프 주리메인 등대에 도착한다.

케이프 주리메인 등대 모형

컨페더레이션 브리지

Information
위치 Confederation Bridge, Borden-Carleton, PE, Canada, C0B 1X0
URL https://www.confederationbridge.com

육지에서 프린스에드워드섬으로 가는 유일한 통로다.
1997년 5월 31일에 개통된 이 다리의 길이는 12.9㎞이
며, 캐나다에서 가장 긴 다리이자 겨울이면 얼음으로 뒤
덮이는 물 위의 다리로서는 세계에서 최장이다.

다리의 가운데쯤 이르면 양옆으로 보이는 망망대해에
아찔한 느낌이 든다.

Tip
진입할 때는 별도의 제약이 없고 섬을 나갈 때 출구 쪽 톨게이트에서 통행료를 낸다. 통행료는 차량의 차
축에 따라 다르며 승용차는 $50.25이다. 바람이 많이 불거나 공사 등으로 통행이 지연 또는 금지되는 경
우가 있으므로 홈페이지에서 날씨와 교통 상황을 미리 알아보는 것이 좋다.

해양 철도 역사 공원

프린스에드워드섬에 도착했음을 알리는 상징적인 장소이자 섬에서 처음 만나는 공원이다.

기차와 등대 모양이 새겨진 아치형 입구를 통과하면 멀리 있는 컨페더레이션 브리지와 우뚝 선 등대, 꽃으로 표현한 PEI 글자가 눈에 들어온다. 탁 트인 전망이 시원하고 아름답다. 이곳의 등대는 컨페더레이션 브리지의 개통으로 보든항을 오가는 페리 서비스가 중단됨에 따라 그 역할이 사라지면서 지금의 위치로 옮겨졌다.

Information
위치 41 Borden Avenue, Borden-Carleton, PE, Canada, C0B 1X0

과거 보든 지역에 있던 기차역은 없어졌지만, 공원 입구에 프린스에드워드섬 철도의 역사를 볼 수 있도록 기차와 철길을 옮겨 놓았다. 공원 한가운데는 프린스에드워드아일랜드주와 뉴브런즈윅주 사이를 운행하는 페리에서 일했던 전직 마린 애틀랜틱Marine Atlantic 직원 수백 명의 이름을 새긴 기념비가 있다.

프린스에드워드섬 관광정보센터

해양 철도 역사 공원에서 되돌아 샬럿타운 방향으로 5분 남짓 거리에 있다. 이곳에는 영어와 불어로 된 다양한 형태의 PEI 지도와 여행 정보 관련 책자가 비치되어 있다. 부분적으로 보고 찾아가기에는 구글맵이 편리하지만, 섬 곳곳에 흩어져 있는 몽고메리의 발자취와 앤 이야기의 배경지를 찾아가는 여행이라면 종이 지도를 들고 섬 전체를 조망하면서 다니는 방법도 재미있다.

<u>Information</u>
위치 100 Abegweit Blvd, Borden-Carleton, PE C0B 1X0

숍 앤 플레이

프린스에드워드섬 관광정보센터 건너편에 있는 기념품 가게다. 입구에는 꽃바구니를 든 앤 동상이 있다. 안에 서는 앤 캐릭터가 새겨진 각종 기념품과 엽서, 라즈베리 음료 외에 다양한 PEI 관광 상품을 판매한다. 로비에 있 는 프레스 기계에 1페니 동전을 넣고 손잡이를 돌리면 앤 캐릭터와 컨페더레이션 브리지가 새겨진 기념주화가 만들어진다.

기념품 가게 안에는 앤 옷을 입고 사진 찍는 별도의 공간(유료)이 있다.

Information

위치 99 Abegweit Blvd, Borden-Carleton, PE C0B 1X0

3장

몽고메리가 사랑한

프린스에드워드섬

몽고메리는 그의 자서전에서 "나는 프린스에드워드섬의 클리프턴에서 태어났다. 유서 깊은 이 섬은 태어나 어린 시절을 보내기에 좋은 곳이다. 이보다 아름다운 곳이 세상에 또 있을까?"라고 썼다.

프린스에드워드섬은 캐나다 동부의 세인트로렌스만에 있는 섬으로 캐나다에서 가장 면적이 작은 주씨다. 이름이 길어서 P.E.I. 혹은 PE라는 약칭으로 불린다. 캐나다 전체 면적의 0.1%도 되지 않을 정도로 작아도 제주도보다 3배 정도 크다. 관광업·농업·수산업이 대표적인 산업이며, 주요 특산물은 감자와 홍합 그리고 바닷가재다. 매년 155만 명이 넘는 관광객이 방문하는데 대부분 여름에 집중되어 있다. 10월 초면 가장 유명한 관광지인 그린 게이블스를 비롯해 주변 식당과 카페, 숙박 시설, 국립공원이 문을 닫고 상상을 초월하는 겨울 추위와 눈은 여행객에게 설경을 허락하지 않는다.

하지만 짧은 여름이 주는 강렬한 초록과 쾌적한 날씨는 몽고메리에게 큰 자산이 되었다. 그래서 앤 이야기에는 7월과 8월에 관한 묘사가 많으며, 중요하고 의미 있는 일이나 변화에 도전해야 하는 일들이 여름에 많이 펼쳐진다.

『에이번리의 앤』에서 앤과 마음을 나눈 미스 라벤더가 8월 마지막 주 수요일에 결혼식을 올리고, 앤과 길버트는 레드먼드 대학교에 다니기 위해 고향을 떠난다. 몽고메리는 『에이번리의 앤』에서 7월은 싱그러움으로 가득하고, 수확을 앞둔 8월의 끝 무렵은 평화롭다고 묘사했다. 1장 「화난 이웃An Irate Neighbour」은 8월의 무르익은 오후, 열여섯 살 반이 된 앤이 집 현관 앞에 앉아서 몽상을 즐기는 모습으로 시작한다. 8월의 오후에는 오래된 시를 읽기보다 몽상에 젖는 게 어울리기 때문이다.

프린스에드워드섬의 땅에는 산화 제이철(Fe_2O_3)이 함유되어 있어서 흙 색깔이 매우 붉다. 앤은 매슈가 모는 마차를 타고 그린 게이블스로 향하면서 이곳의 길이 붉은 이유를 묻는다. 갑작스러운 질문에 매슈가 잘 모르겠다고 대답하자 앤은 "이것도 언젠가는 알아내야 할 일 가운데 하나"라며 기뻐한다. 앞으로 알아볼 게 잔뜩 있다는 것은 멋진 일이기 때문이란다.

바람 한 점 없는 날 8월의 밀밭은 고요와 풍요로움으로 가득하다.

섬에 깊숙이 들어갈수록 색깔을 달리하는 드넓은 초원과 붉은 땅의 향연이 펼쳐진다. 손에 잡힐 듯 낮게 내려온 흰 구름의 변주, 끝없이 펼쳐진 감자밭과 노랗게 익어 가는 보리, 키 큰 옥수수밭, 붉은토끼풀로 가득한 들판, 노란 유채꽃밭과 어우러진 하얀 데이지, 야생 당근과 미역취, 롤 조각처럼 잘 말아 놓은 건초 더미, 한가로이 풀을 뜯는 초원의 소들을 보고 있으면 여기가 천국인가 싶다. 많은 이의 사연을 알고 있다는 듯 조용히 서 있는 해안가 등대, 붉은 사암과 모래로 가득한 해변, 해 질 녘 하늘을 발갛게 물들인 노을은 이 섬에서 볼 수 있는 특별한 풍경이다.

해 질 무렵 프린스에드워드섬의 바다는 붉게 물든다

시골집 앞 길가에 있는 어색 우편함

그렇다고 프린스에드워드섬에 목가적인 풍경만 있는 것은 아니다. 주도인 샬럿타운은 여름이면 번화가다운 활기를 띤다. 샬럿타운은 섬의 중부에 자리 잡은 항만 도시로 작지만 오래된 도시의 품격을 지니고 있다. 1763년 영국에 의해 건설되었으며, 영국 왕 조지 3세의 왕비인 샬럿의 이름을 따서 명명했다. 1864년 캐나다 연방을 결성하기 위한 회의가 열린 곳으로 역사적 의미가 남다르다. 과거의 모습을 간직한 다양한 건축물이 여행객들의 시선을 끈다. 시내에서 조금만 벗어나면 항만 도시의 아름다움과 바다 풍경을 구경할 수 있다.

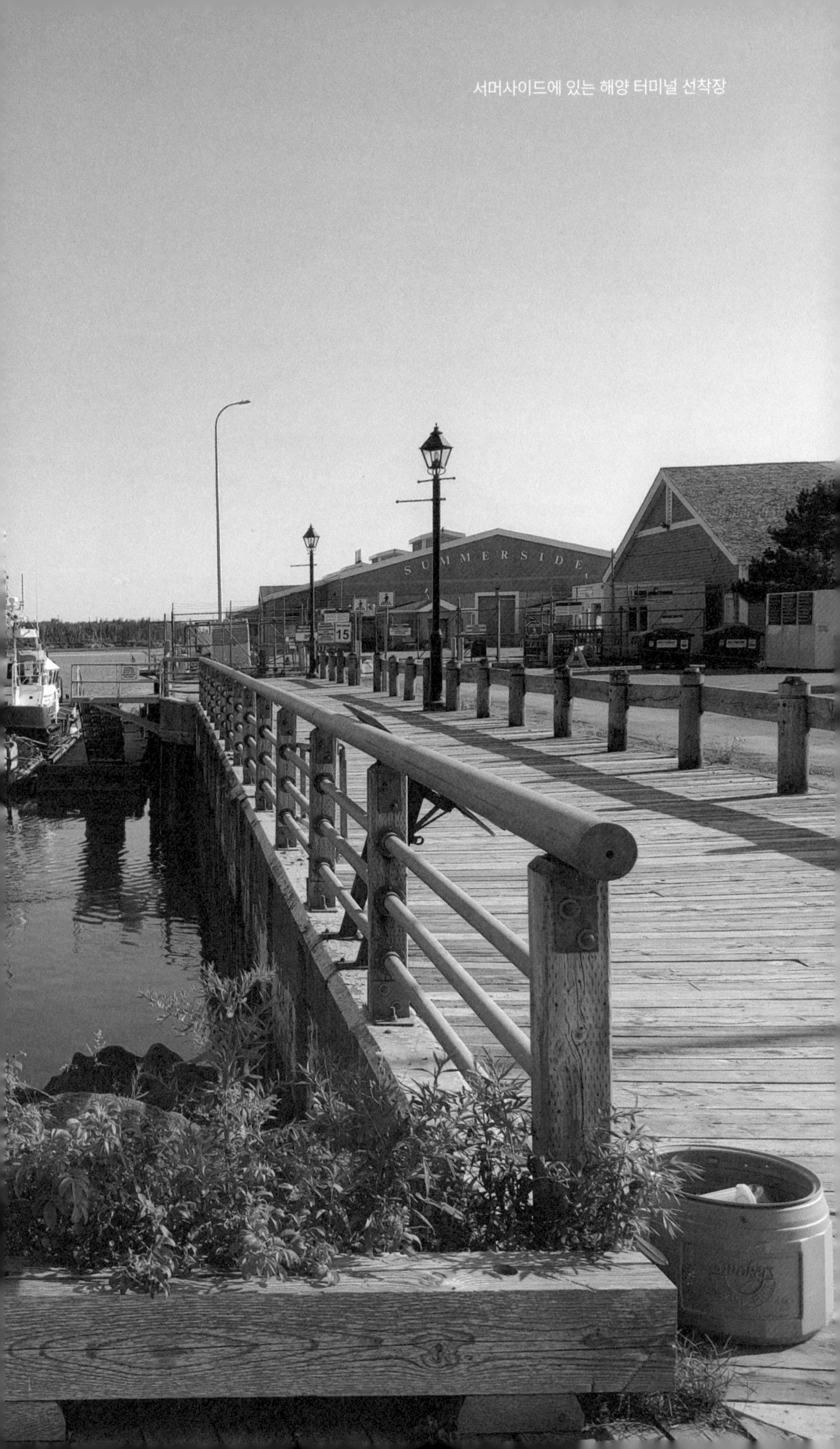

서머사이드에 있는 해양 터미널 선착장

샬럿타운은 『그린 게이블스의 앤』에도 자주 등장한다. 선거 유세를 하러 온 캐나다 총리를 보기 위해 에이번리 사람들이 마차를 타고 나가는가 하면, 앤의 후원자인 조지핀 할머니의 저택이 있고 박람회가 열리는 도시, 앤이 교사 자격을 취득하기 위해 1년간 머물며 공부한 도시로 그려진다.

샬럿타운 지도

여름의 샬럿타운은 세계 각지에서 온 관광객들로 활기를 띤다.

주 의사당 앞 그래프턴 거리에는
1차·2차 세계대전, 한국전쟁, 아프가니스탄 전쟁에 참전한 용사를 기리는 동상이 세워져 있다.

옛 샬럿타운역. 앤은 노바스코샤에서 배를 타고 샬럿타운 항구에 내린 다음 샬럿타운역에서 기차로 브라이트리버역까지 갔다. 원래의 샬럿타운역은 이 역 인근에 있는 목조건물이었으나, 화재의 위험과 검은 연기 등을 이유로 철거되고 1907년 지금 위치에 3층짜리 붉은색 사암 건물로 새로 지어졌다. 지금은 PEI의 근로자보상위원회건물로 사용 중이다.

살럿타운의 역사를 기록한 숫자 조형물

샬럿타운의 밤 풍경. 『그린 게이블스의 앤』 29장에서 앤은 다이애나와 함께 조지핀 할머니의 초대를 받아 샬럿타운에서 지내며 즐거운 추억을 쌓는다. 집으로 돌아와서 는 마릴라에게 밤 11시에 거리의 레스토랑에서 아이스크림을 먹으면서 느낀 기분을 신나게 얘기한다. 프린스에드워드섬에 전등이 처음 들어온 시기는 1885년이다. 앤 이 사는 시골에는 전등이 없었기에 늦은 밤까지 불이 켜져 있는 도시의 풍경이 신기 할 수밖에 없었을 것이다.

4장

앤과 함께 걷다

· 앤 이야기의 무대를 찾아서 ·

켄트 G. 엘리스 헤리티지 공원

Information
위치 4247 Hopedale Rd, Hunter River, PE C0A 1N0
URL https://www.municipalityofhunterriver.com/dr-kent-g-ellis-heritage-park

샬럿타운과 캐번디시 중간 지점에 있는 작은 마을 헌터
리버Hunter River에 있는 공원이다. 이곳은 과거(1870~1970년
대 초반) '헌터리버역'이 있던 자리로, 지금은 공원으로 꾸
며져 마을 사람들에게 쉼터를 제공한다. 공원 이름은 이
지역의 오랜 거주자이자 의사인 켄트 엘리스 박사의 이
름을 따서 지었다. 지역 주민의 후원으로 조성된 공원에
는 기증자들의 이름이 새겨진 벤치와 가로등, 정자, 철

로 변경 스위치 등이 있다. 몽고메리가 『그린 게이블스의 앤』에서 앤이 매슈를 기다리던 역을 설정하는 데 영감을 얻은 장소로 작품 속에서는 '브라이트리버역'으로 등장한다. 지금은 끊어진 철길과 철로 변경 스위치만 남아 있다. 이곳에 서서 푸른 하늘과 마을 아래 풍경을 내려다보면 앤이 상상의 나래를 펼치기에 좋은 장소였음을 알게 된다.

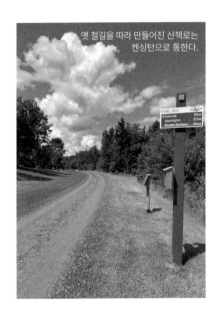

옛 철길을 따라 만들어진 산책로는
켄싱턴으로 통한다.

Tip
1. 철거된 '헌터리버역'의 역사는 캐번디시 인근 마르코 폴로 캠핑장에 옮겨져 있다.
2. 켄트 G. 엘리스 헤리티지 공원에서 2번 도로를 타고 북서쪽으로 5분 정도 올라가면 오른쪽에 워버튼 도로가 나온다. 잘 다져진 붉은 숲길을 차로 천천히 달리면 앤이 매슈와 함께 마차를 타고 그린 게이블스로 향하던 때의 기분이 느껴진다.

그린 게이블스 헤리티지 플레이스

Information
위치 8619 Cavendish Rd, Cavendish, PE C0A 1N0
URL https://parks.canada.ca/lhn-nhs/pe/greengable
입장료(2023년 기준): 어른 $8.50, 65세 이상 $7.00, 17세 이하 무료, 가족은 별도 요금

캐번디시에 있는 이곳은 『그린 게이블스의 앤』의 주요
배경지로 캐나다를 대표하는 문학적 랜드마크다. 몽고
메리의 사촌인 맥닐 가족에 의해 1830년대에 처음 지어
졌고, 두 차례(1870년대, 1921년)의 보수 및 확장 공사를 거쳐
현재의 모습이 완성되었다.

1930년대에 이 집과 농장이 매물로 나오자 캐나다 정부가 구매해 관광지로 조성했다. 정부는 몽고메리와 소설에 대한 문학계의 관심과 19세기 건축물의 중요성을 인정해 1985년 7월 10일 이 집을 연방 유산 건물로 지정했다. 2017년에는 그린 게이블스 건물 복원 계획을 발표하고, 2019년 8월 29일 새롭게 단장한 방문자 센터를 공개했다. 이전보다 규모가 훨씬 커지고 볼거리도 많아졌다.

그린 게이블스 방문자 센터에는 몽고메리의 생애를 연대별로 기록한 시각 자료와 그의 작품 세계에 관한 정보로 가득하다. 센터 제일 안쪽에 있는 여러 나라의 언어로 출간된 책 표지 컬렉션 코너가 눈에 띈다. 코너 위쪽에는 몽고메리가 저널에서 언급한 문장이 적혀 있다. "What a small big world it is! And how far little red-haired Anne has travelled!" (이 얼마나 작고도 큰 세상인가! 빨간 머리 앤이 그토록 멀리까지 전해지다니!)

캐나다 역사 유적지 및 기념물 위원회에서 만든 루시 모드 몽고메리 기념비

여러 나라의 언어로 출간된
『그린 게이블스의 앤』
표지 컬렉션

그린 게이블스

그린 게이블스는 방문자 센터를 지나 왼쪽 언덕 위에 있다. 앤이 언제나 사랑하고 마음의 안식처로 삼은 초록지붕집이다. 책을 엎어 놓은 것 같은 모양의 '박공'博栱이 특징이다. 『그린 게이블스의 앤』에서 Gables는 '박공'을 뜻하는 건축 용어로 옆면 지붕 끝에 八자 모양으로 붙여 놓은 두꺼운 널을 말한다.

벽면의 지붕 쪽 삼각형 부분이 짙은 녹색으로 칠해져 있어서 '그린 게이블스'라고 불린다. 2층 창문 쪽을 올려다보면 실제로 앤이 살았을 것 같은 착각에 빠져든다. 여름이면 집 둘레에 있는 초록이 짙은 나무들과 알록달록한 꽃들이 수다를 떠느라 바쁘다.

흰색 울타리 너머 아래로 유령의 숲이 보인다.

몽고메리가 좋아한 꽃들이 곳곳에 피어 있고, 창가에 놓인 작은 제라늄 화분은 멀리서 찾아온 손님들을 반기는 듯하다. 주위는 온통 문학적 상상력을 키우고 언어의 색채를 입히는 자연으로 가득하다.

『그린 게이블스의 앤』 4장 「그린 게이블스에서 맞은 아침Morning at Green Gables」에는 6월의 풍경이 아름답게 묘사되어 있다. 앤은 다시 보육원으로 돌아가게 될지도 모르는 상황에 절망하면서도 2층 다락방에서 맞은 아침 풍경에 마음을 빼앗기고 만다. 창밖의 거대한 벚나무가 가지를 뻗고, 활짝 핀 벚꽃들의 흩날림이 눈부시게 빛나며, 골짜기 건너편에는 가문비나무와 전나무의 싱그러운 초록빛이 펼쳐져 있다고 했다.

앤은 무릎을 꿇은 채 빛나는 눈으로 창밖 풍경을 바라보며 독백한다.

"Oh, wasn't it beautiful? Wasn't it a lovely place?"
  (오, 아름다워라. 이렇게 아름다운 곳이 또 있을까?)

농장 창고와 아름다운 자연이 어우러진 모습은 멀리서
보면 낭만적이지만, 현관에 들어서는 순간 19세기 가정
집의 특징적인 구조와 곳곳에 전시해 놓은 생활 도구에
신기함과 낯섦이 교차한다.

1층에는 입구Entry, 응접실Parlour, 통로Hall, 매슈의 방Matthew's
Room, 식사하는 방Dining Room, 주방Dairy Porch, 식료품 저장실
Pantry, 부엌Kitchen, 뒤쪽 현관Back Porch이 있다.

2층에는 복도Hall, 앤의 방Anne's Room, 손님방Guest Room, 마릴라의 방Marilla's Room, 바느질하는 방Sawing Room, 창고Storage, 일꾼의 방Hired Hand's Room이 있다. 2층으로 올라가는 좁고 가파른 계단과 다용도 기능을 장착한 대형 난로, 강렬한 색깔의 화려한 꽃무늬 벽지가 생경하면서도 신기하다.

방마다 있는 세숫대야와 손잡이가 달린 도자기 항아리는 실내에 욕실이 없던 당시의 필수품이다. 농가의 생활상을 보여 주는 공간 구조와 각종 생활 도구를 꼼꼼히 보려면 시간이 꽤 걸린다.

앤의 방. 퍼프소매 원피스와 앤이 보육원에서 들고 온 것처럼 보이는 가방이 놓여 있다. 역에서 매슈가 가방을 들어주려고 하자 앤은 자신의 전 재산이 들어 있지만 무겁지 않다며 거절한다. 조심해서 들지 않으면 손잡이가 빠질 수 있는 낡은 가방이다.

앤의 방은 밝은색 꽃무늬 벽지로 아기자기하게 꾸며져 있다. 방 안쪽 문에 걸린 붉은색 원피스가 눈에 들어온다. 앤은 당시 유행하던 퍼프소매 원피스를 무척 입고 싶어했다. 그러나 검소한 마릴라는 이를 허용하지 않는다. 그런 옷이 아이에게는 사치이고 천 낭비라고 생각한 마릴라는 아무 장식도 없는 수수한 옷을 만들어 앤에게 입혔다. 하지만 앤의 마음을 알아차린 매슈와 린드 부인의 도움으로 앤은 12월 크리스마스 아침에 그토록 바라던 원피스를 갖게 된다.

깨진 석판 조각. 수업 시간에 창밖을 바라보며 상상을 즐기는 앤의 머리를 잡아당긴 길버트는 석판으로 응징을 당한다.

붉은색의 진하고 화려한 꽃무늬 벽지가 독특하다. 나무와 풀이 무성한 곳이라 여름철 집으로 들어오는 모기를 때려잡아도 피가 보이지 않는 장점이 있다고 한다.

앤은 그린 게이블스에 온 다음 날 아침, 마릴라와 이야기를 나누다가 창가에 놓인 제라늄을 발견하고는 이름이 뭐냐고 물어본다. 마릴라가 '애플제라늄'이라고 답하자, 그것은 이름이 아닌 품종이라면서 자기가 여기 있는 동안에는 저 꽃을 '보니'Bonny로 부르겠다고 말한다.

마릴라의 방

바느질하는 방

81

연인의 길 산책로

그린 게이블스 뒷문에서 왼쪽으로 조금 올라가다 보면 '연인의 길'이 나온다. 작은 오솔길의 시작점에는 이 길을 설명하는 표지판이 있다. 몽고메리는 생전 특별한 애정을 가진 이 길에 '연인의 길'이라는 이름을 붙이고 스크랩북과 일기를 통해 많은 감상을 남겼다.

"This evening I spent Lover's Lane. How beautiful it was."(오늘 저녁 나는 연인의 길에서 시간을 보냈다. 얼마나 아름다운지.)

아치형으로 늘어선 단풍나무와 전나무가 연인이 손을 잡고 걷기에 좋은 그늘을 만들어 준다. 나무 사이로 비치는 햇볕이 따뜻하고 싱그럽다. 해 질 무렵 노을의 배웅을 받으면서 천천히 걷는 기분도 괜찮다.

앤도 이 길에 '연인의 길'이라는 이름을 붙였고, 다이애나와 이 길 주위에서 놀며 학교를 오고 갔다. 또 길버트를 용서한 후에는 친구로서, 나중에는 연인이 되어 함께 걸었다.

유령의 숲 산책로

그린 게이블스에서 언덕 아래로 100m쯤 내려가면 개울 위를 가로지르는 나무다리를 만난다. '유령의 숲'으로 들어가는 통로다. '유령의 숲'은 온갖 크고 작은 나무와 고사목, 풀들이 어지럽게 엉켜 있다. 햇볕이 거의 들어오지 않아 혼자 걸으면 으스스하지만 산책로가 잘 만들어져 있는 데다 낮에는 관람객이 많아서 안전하다. 산책로의 시작점에서 끝까지 걸으면 15분 정도 걸린다.

『그린 게이블스의 앤』 20장 「지나친 상상은 엉뚱하게 흘러가고A Good Imagination Gone Wrong」에서 앤은 이 숲을 지나치게 무서워한 나머지 환상을 만들어 낸다. 배리 부인한테 가서 다이애나의 앞치마 옷본을 빌려오라는 마릴라의 심부름에 앤은 "머리 없는 남자가 오솔길을 서성거리고 나뭇가지 사이로 해골들이 사람을 노려봐요. 저는 무슨 일이 있어도 어두워진 뒤에는 유령의 숲에 가지 않을 거예요"라고 말한다. 앤의 터무니없는 상상에 기가 막힌 마릴라는 소리를 지르며 당장 가문비나무 숲을 지나 배리 부인에게 다녀오라고 명령한다. 그리고 다시는 그런 얘기를 하지 말라고 단단히 이른다.

유령의 숲으로 이어지는 나무다리

유령의 숲에 있는 소나무가 가지를 뻗어 길 가는 이를 막아서는 것만 같다.

프렌치리버 뷰포인트

몽고메리가 태어난 집에서 20번 도로를 타고 파크코너
로 가는 길에 아름다운 어촌인 프렌치리버가 있다. 이곳
은 5권『꿈의 집의 앤』의 배경이 된 곳이다. 많은 사람
의 축복 속에 결혼한 앤과 길버트는 포윈즈 항구에 있는
'꿈의 집'에서 신혼생활을 시작한다.

포윈즈 항구의 배경지는 뉴런딘 항구다. 앤은 이곳에서 배 타는 일을 그만두고 등대지기로 일하는 짐 선장과 가깝게 지내며 많은 대화를 나누고 삶의 지혜를 배운다.

프렌치리버 뷰포인트

<u>Information</u>
위치 French River Viewpoint, PE C0B 1M0

Tip
뷰포인트에서 풍경을 즐긴 후 마을 진입로인 리버 로드를 타고 오른쪽 케이프 로드로 향하면, 길 끝에 유서 깊은 뉴런던 등대가 서 있다.

흐린 날의 뉴런던 등대. 바람 부는 날에는 길게 자란 풀들이 초록 파도를 일으킨다.

그린 게이블스의 앤 박물관

파크코너에 있는 앤 박물관은 캠벨 가족이 운영하고 있다.

농장을 상징하는 우뚝 솟은 헛간이 멀리서도 한눈에 보인다. 이 집은 몽고메리의 이모인 애니 로라 맥닐 캠벨과 이모부인 존 캠벨이 1872년에 지었고, 몽고메리와 깊은 우정을 나눈 이종사촌 동생 프레데리카 엘먼스틴 캠벨이 살았다. 어린 시절 사촌들과 뛰어놀던 추억의 장소로, 몽고메리는 사망할 때까지 캠벨 가족을 찾아와 마음을 나누었다. 1917년 12월 19일 자 일기에는 이 집을 향한 애정과 부러움이 적혀 있다.

"I only wish I could have a house of my own like it and I would be satisfied. Roomy old hall, fine pantry, open fireplaces, large airy rooms." (널찍하고 오래된 복도, 멋진 식료품 저장실과 벽난로, 바람이 잘 통하는 큰 방이 있는, 그런 나만의 집을 가질 수 있다면 흡족하겠다.)

Information
위치 4542 PE Route, 20 Park Corner Ln, Kensington, PE C0B 1M0
URL https://www.annemuseum.com
입장료(2023년 기준): 어른 $9.00, 16세 이하 $3.00, 5세 이하 무료

1층 왼쪽 응접실에는 몽고메리의 결혼식 때 사용한 오르
간과 당시에 쓰던 가구가 그대로 있다.

진열장 안에는 앤 시리즈를 비롯한 몽고메리의 작품이
보관되어 있다. 몽고메리는 이 집 응접실에서 결혼식을
올렸다. 넓은 복도와 여러 개의 방이 있는 2층에는 몽고
메리의 생애와 작품 세계를 알리는 전시물로 가득하다.

소파, 재봉틀, 의자, 탁자 등 시선이 닿는 곳마다 몽고메리의 책이 놓여 있어서 방문객들은 그녀가 앤 외에도 수많은 작품을 쓴 작가라는 사실에 놀란다. 그중에서 몽고메리가 직접 만든 '크레이지 퀼트'Crazy Quilt가 눈에 띈다. '퀼트는 알겠는데 크레이지 퀼트는 뭐지? 사람을 미치게 하는 바느질인가?' '저렇게 큰 걸 만드는 데 시간이 얼마나 걸렸을까?' 갖가지 궁금증이 생긴다.

몽고메리가 12세부터 16세까지 5년에 걸쳐 만든 크레이지 퀼트. 19세기 후기 미국에서 유행한 패치워크Patchwork로 모양과 크기가 다른 자투리 천 조각을 이어 만든 퀼트이다.

2층 넓은 복도에는 몽고메리가 직접 사인해서 캠벨 가족에게 선물한 초판본이 전시되어 있다.

작은 방에서 나오는 은은한 불빛을 따라가면 유리 진열장 안에 있는 흰색 원피스가 조명을 받아 얌전하게 빛난다. 그 위에 '블루 체스트'Blue Chest라고 적힌 글을 꼼꼼히 읽어봐야 한다. '블루 체스트'는 몽고메리의 소설 『이야기 소녀The Story Girl』(1911)의 12장 「레이첼 워드의 파란 가방The Blue Chest of Rachel Ward」의 주요 소재다. 널리 알려진 작품은 아니지만 몽고메리가 무척 좋아한 소설로 1847년 캠벨 가족에게 실제 일어난 사건을 모티브로 한다.

몽고메리의 결혼식 날, 사촌인 엘라 캠벨이 이 오르간을 연주했다.

몽고메리가 결혼식을 준비했던 방에 걸린 사진과 설명.
그녀는 신혼여행지에서 입을 드레스 몇 벌을 챙겼고,
진한 회색 정장을 입고 여행을 떠났다고 적혀 있다.

블루 체스트. 몽고메리의 먼 친척인 엘리자는 자신의 결혼식 날 신랑이 나타나지 않은 충격에 케이크를 앞마당에 묻고,
웨딩드레스와 선물을 파란 가방인 '블루 체스트'에 넣어 열쇠로 잠근 후 토론토로 떠난다. 엘리자가 두고 간 파란 가방은
40년간 캠벨의 집 부엌에 보관되어 있었다. 몽고메리는 그녀의 허락을 받아 가방을 열고 그 안에 있는 물건들을 꺼냈다.

농장 아래에는 '반짝이는 호수' The Lake of Shining Waters가 있다. 『그린 게이블스의 앤』 2장 「매슈 커스버트 놀라다Matthew Cuthbert Is Surprised」에 처음 나온 호수의 모델로 앤이 마릴라의 자수정 브로치를 빠트렸다고 거짓말한 그 호수다.

맑은 날 멀리서 바라보면 햇빛을 받은 수면이 보석처럼 반짝인다. 앤과 함께 마차를 타고 그린 게이블스로 가는 길에 매슈는 사과나무 과수원집 인근에 있는 못을 가리키며 '배리의 못' Barry's pond이라고 말한다. 왜 '배리의 못'이라고 하는지 묻는 앤에게 매슈는 배리 씨가 저 과수원집에 살고 있기 때문일 거라고 대답한다. 앤은 그 이름이 어울리지 않는다며 '반짝이는 호수'라고 이름 짓고는 스스로 만족해한다.

그린 게이블스가 있는 캐번디시와 파크코너는 방향이 다르고 꽤 멀리 떨어져 있다. 몽고메리는 어릴 적 뛰어놀던 파크코너의 호수를 소설 속에서 캐번디시로 옮겨 놓았다.

박물관에서 나와 왼쪽으로 고개를 돌리면 '리브의 속삭이는 길' Liv's Whispering Lane이 있다. 몽고메리는 이 길을 앤 시리즈에는 등장시키지 않았지만, 다른 소설인 『은빛 수

풀의 팻*Pat of Silver Bush*』(1933)에서 언급했다. 5~7분 정도 걸으면 출발 지점인 박물관 앞으로 되돌아오게 되는 회전문 같은 작은 오솔길이다.

『은빛 수풀의 팻』은 주인공인 패트리샤 가드너의 7세부터 18세까지의 가족생활과 '은빛 수풀'이라는 이름의 집을 둘러싼 이야기를 담고 있다. 이 작품에 '속삭이는 길'이 등장한다. 리브Liv는 현 박물관 소유주의 손녀 이름이다.

반짝이는 호수

Tip

1. 1층에서는 몽고메리와 앤 관련 책, 각종 굿즈와 기념품을 판매한다. 해설사에게 간단한 설명을 듣고 난 후 자유 관람이 가능하다.

2. 예전에는 마차를 타고 농장을 한 바퀴 도는 프로그램이 있었으나, 지금은 트랙터를 이용한 'Matthew's Carriage Ride'를 예약제로 운영하고 있다.

에이번리 빌리지

벨몬트 학교 건물이 있는 에이번리 빌리지는 몽고메리가 캐번디시를 모델로 만든 가상의 마을이다. 몽고메리는 사촌인 데이비드와 마그리트 맥닐의 소유였던 농장을 포함해 그녀가 사랑하는 일부 장소를 가져와 가상의 마을인 에이번리를 창조했고, 그 속에서 부대끼며 살아가는 사람들의 삶을 그려 냈다. 예전에는 『그린 게이블스의 앤』을 공연하는 배우들과 함께 즐기는 다양한 행사와 볼거리로 가득했으나, 지금은 옛 모습을 간직한 집과 교회가 식당과 상점으로 이용되고 있다.

Information
위치 8779 PE-6, New Glasgow, PE C0A 1N0

달베이-바이-더-시

프린스에드워드섬 북쪽 해안에 위치한 캐나다 국립 사적지다. 이곳에서 가장 특색 있는 볼거리는 미국 기업가인 알렉산더 맥도널드가 여름 별장으로 지은 집이다.

달베이-바이-더-씨 호텔은 흰색 박공과 지붕창,
수많은 창문, 대조되는 색상, 목재로 된 패널이 특색이다.

이 집은 1866년에서 1869년 사이에 앤 여왕 복고 양식으로 지어졌으며, 알렉산더가 어린 시절 스코틀랜드에서 살던 집의 이름을 따서 'Dalvay-By-The-Sea'라는 이름을 붙였다. 알렉산더가 죽고 난 후 주인이 여러 번 바뀌다가 캐나다 정부가 인수했고 1938년부터 호텔로 운영되고 있다.

갤러리 분위기의 중앙 홀

이 호텔은 『그린 게이블스의 앤』에 나오는 화이트샌즈 호텔White Sands Hotel의 모델이다. 33장 「호텔 콘서트The Hotel Concert」에서 앤이 하얀 오건디 옷을 입고 시 낭송을 멋지게 하는 장소로 그려진다. 설리번 엔터테인먼트사는 이 호텔에서 영화 〈그린 게이블스의 앤〉을 촬영했다. 2011년 영국의 윌리엄 왕자가 신혼여행지로 프린스에드워드 섬을 방문했을 때 이 호텔에 묵어 화제가 되기도 했다.

Information
위치 16 Cottage Crescent, York, PE C0A 1P0

Tip
Dalvay-By-the-Sea를 방문해 숙박 및 식사를 하거나 해변을 즐기려면 국립공원 1일 입장권($16.00)을 사야 한다. 1일 입장권으로 인근의 다른 국립공원도 이용할 수 있다.

PEI 가족 박람회, 올드 홈 위크

매년 8월 샬럿타운 켄싱턴에 있는 레드 쇼어스 경마장 & 카지노에서 열리는 PEI 최고의 박람회이자 축제다. 1888년 10월에 처음 열린 이 축제는 가축(소·양·닭), 수공예품, 과일 및 채소 중 최고의 상품을 전시하고 경연하는 것을 주목적으로 한다. 행사장 곳곳에서 농산물 전시와 품평, 가축 쇼와 품평이 메인 행사로 진행되며, 농업과 축산업의 중요성을 일깨우는 다양한 체험 및 활동으로 가득하다. '올드 홈 위크'Old Home Week라는 용어는 제2차 세계대전 초기에 만들어졌으며, 과거의 농업과 가족 농장을 기반으로 하는 관습을 잇는 행사로 전통을 이어오고 있다.

꽃으로 꾸민 농기계

이 박람회의 풍경은 『그린 게이블스의 앤』의 29장 「평생 잊지 못할 순간An Epoch in Anne's Life」에 자세히 묘사되어 있다. 앤은 조지핀 할머니의 초대를 받아 샬럿타운에서 며칠을 보내면서 본 박람회 풍경을 마릴라에게 이야기한다.

"박람회에 그렇게 재미있는 게 많으리라고는 상상도 못했는데 말과 꽃, 수예품 쪽이 제일 좋았던 것 같아요"라고 말하며 에이번리 사람들이 레이스 뜨기를 비롯해서 사과와 돼지 부문, 그림 그리기, 버터와 치즈로 좋은 성적을 거둔 것을 기뻐한다. 앤의 말처럼 '올드 홈 위크'는 흥미로운 볼거리로 가득하다. 특히 농장별로 참가하는 가축 품평회가 인상적이다. 별도로 마련된 야외 텐트에서 어린이와 청소년을 포함한 가족 구성원들이 소를 돌보며 협동하는 모습에서 농장에 대한 그들의 자부심을 엿볼 수 있다.

어린이와 청소년들이 만든 수공예품 전시 부스

Information
위치 46 Kensington Road, Charlottetown, PE C1A 9S8
URL https://oldhomeweekpei.com
입장료(2023년 기준): 성인 $12.00, 7~12세 $5.00, 6세 이하 무료, 일주일 이용권 $25.00

Tip
1. 홈페이지에서 행사 일정을 미리 살펴보고 가는 것이 좋다. 입구에 비치된 리플릿을 참고해 행사장을 둘러보면 시간을 알뜰하게 쓸 수 있다.
2. 박람회가 열리는 장소에 경마장이 있다. 앤은 마릴라에게 박람회에서 경마를 본 소감도 이야기한다. 조지핀 할머니의 배려로 특별석에 앉아 구경했지만, 경마장은 자주 갈 곳이 아닌 것 같다고 한다. 경마는 너무 매력적이어서 푹 빠지기 쉽기 때문이라는 사실을 깨닫고는 내기가 이루어지는 곳에서 시간을 보낸 것에 양심의 가책을 느꼈음을 고백한다.

비콘스필드 히스토릭 하우스

샬럿타운 남쪽 빅토리아 공원 입구의 넓은 부지에 자리 잡고 있다. 화려한 외관과 크기를 자랑하는 이 집을 보는 순간 탄성이 절로 나온다. 대형 곡선 진입로와 거대한 나무, 아름다운 빅토리아 시대풍의 정원이 무척 아름답다. 이 건물은 1877년 부유한 조선업자인 제임스 피크의 집으로 지어졌다. 당시에는 흔치 않았던 수도, 화장실, 중앙난방, 가스 조명 시설 등을 갖추고 있다. 25개의 방과 8개의 벽난로, 넓은 응접실, 2층으로 올라가는 계단 창문의 스테인드글라스, 천장의 모서리를 두른 목공 꽃장식이 당시 부유층이 살던 주택의 모습을 잘 보여 준다. 4층 전망대에 서면 샬럿타운 항구를 오가는 배가 보인다.

이처럼 화려함과 웅장함을 갖춘 저택이라는 점에서 『그린 게이블스의 앤』을 읽은 독자들은 조지핀 할머니 집의 모델이라고 생각한다. 앤과 다이애나는 할머니의 저택을 웅장함으로 가득한 궁궐 같은 곳으로 묘사했는데, 응접실에는 앤이 꿈꿔 온 벨벳 카펫과 실크 커튼이 드리워져 있다. 하지만 앤은 다이애나에게 "이 방에 있는 것들은 전부 너무나 근사한 것들이라 상상의 여지가 남아 있지 않을 정도"라고 말한다.

응접실의 화려한 샹들리에

2층 끝에서 바라본 복도.
스테인드 글라스로 빛이 들어온다.

Information
위치 2 Kent St, Charlottetown, PE C1A 1M6
URL https://www.peimuseum.ca/visit/beaconsfield-historic-house
입장료(2023년 기준): 성인 $6.00, 학생 및 노인 $5.00, 가족 최대 5명 $18.00

Tip
실내 관람은 가이드 투어만 가능하다. 8월과 9월 방문객은 화요일부터 토요일까지 1층 테라스에서 빅토
리아 시대의 스콘과 차를 즐길 수 있다.

엘름우드 헤리티지 호텔

빅토리아 공원 북쪽으로 500m 떨어진 거리 안쪽에 있다. 조지핀 할머니 저택의 모델로 추정되는 또 다른 곳으로 지금은 호텔로 사용 중이다.

몽고메리 연구소의 연구원 두 명은 『그린 게이블스의 앤』에서 앤과 다이애나가 마을에 도착해 비치우드 Beechwood로 가는 길을 "느릅나무green elms와 가지가 무성한 너도밤나무branching beeches가 있는 한적한 거리에 자리잡은 아주 멋지고 오래된 저택이었다"라고 묘사한 문장에 주목했다.

하지만 샬럿타운에는 'Beechwood'라는 거리가 없다. 이름의 유사성으로 인해 'Elmwood'와 'Birchwood'가 거론될 뿐이다. 'Birchwood'는 동쪽 변두리에 있는 반면, 'Elmwood'는 샬럿타운의 부유한 동네에 있는 주택으로 느릅나무가 있기에 연구자들은 이 집이 조지핀 할머니 집의 모델이었을 것이라고 의견을 제시했다.

Information
위치| 121 N River Rd, Charlottetown, PE C1A 3K7
URL http://www.elmwoodinn.pe.ca

컨페더레이션 아트 센터

샬럿타운 시내 중심에 있다. 연극이나 뮤지컬 등의 공연과 캐나다 예술가들의 미술 작품 전시, 다양한 예술 교육이 이뤄지는 복합 문화공간으로 1964년 문을 열었다.

이 센터는 비영리 자선 단체로 캐나다 건국의 아버지들을 기리는 기념물로 인정받고 있다. 우뚝 솟은 건물과 야외 원형 극장이 특징이며, 도시의 한 블록을 차지할 정도로 규모가 크다. 이곳에서는 2019년까지 매년 여름, 샬럿타운 페스티벌의 일환으로 〈그린 게이블스의 앤: 뮤지컬Anne of Green Gables: The Musical〉이 공연되었다.

1965년부터 시작된 이 뮤지컬은 2014년 세계에서 '가장 오랫동안 지속된 연간 뮤지컬 작품'으로 기네스에 등재되었다. 2020년에는 코로나19로 인해 샬럿타운 페스티벌이 취소되면서 공연이 중단되었고, 주최 측은 향후 격년으로 공연할 예정이라고 발표했다. 몽고메리 탄생 150주년을 기념하는 2024년에 공연이 재개될 예정이다.

Information
위치 145 Richmond Street Charlottetown, PE C1A 1J1
URL https://confederationcentre.com

프린스오브웨일스 전문학교

컨페더레이션 아트 센터에서 그래프턴 거리를 따라 동쪽으로 300m쯤 내려간 곳에 있다. 이곳 플로렌스 시몬스 퍼포먼스 홀에서 〈앤 & 길버트: 뮤지컬Anne and Gilbert: The Musical〉이 공연된다. 2005년 처음 시작한 이 뮤지컬은 앤과 길버트의 10대 후반부터 20대 초반까지의 이야기를 다룬다.

프린스오브웨일스 전문학교(PWC)는 몽고메리가 교사 자격을 취득하기 위해 1893년 9월부터 1894년 6월까지 공부한 곳이다. 몽고메리는 이때를 "자신의 인생에서 가장 행복한 시간"이라고 말했다. 『그린 게이블스의 앤』에서 '퀸즈 아카데미'Queen's Academy라는 이름으로 등장한다. PWC는 1969년에 세인트 던스턴 대학교 st. Dunstan's University(SDU)와 합병해 프린스에드워드아일랜드 대학교University of Prince Edward Island(UPEI)가 되었다.

PWC가 있던 이곳은 1970년대 초부터 홀랜드 전문학교의 샬럿 캠퍼스로 사용되고 있다. 몽고메리는 단순히 직업을 위해서가 아니라, 한계가 없는 삶을 준비하기 위해 여성도 교육을 받아야 한다고 강조했다.

그리고 이러한 생각은『그린 게이블스의 앤』 30장「퀸즈 입시반이 만들어지다The Queen's Class Is Organized」에 잘 나타난다. 마릴라가 앤에게 퀸즈 아카데미 진학을 권하자 앤은 "공부를 더 해서 교사가 되는 게 일생일대의 꿈"이라고 말하면서도 비싼 학비를 걱정한다. 그러자 마릴라는 "여자도 자신의 힘으로 살아갈 능력이 있어야 하며, 살면서 무슨 일이 생길지 모르니 미리 대비를 해 두는 게 좋다"라고 말하며 앤의 꿈을 지지한다. 앤은 스테이시 선생님이 만든 입시반에 들어가 열심히 공부한 끝에 1등으로 입학하는 성과를 거둔다. 몽고메리는 PWC에 입학할 당시 5등으로 합격했다고 일기에 썼다.

Information
위치 140 Weymouth St, Charlottetown, PE C1A 4Z1
URL www.anneandgilbert.com

5장

몽고메리와 함께 걷다

· 삶, 사랑 그리고 희망을 찾아서 ·

몽고메리가 태어난 집

Information
위치 6461 PE-20, New London, PE C0A 1M0
URL http://lmmontgomerybirthplace.ca
입장료(2023년 기준): 성인 $6.00, 6~12세 $3.00

뉴런턴 사거리 코너에 있으며, 캐번디시 사거리에서 10
분 남짓 걸린다. 1874년 몽고메리가 태어났을 때의 모
습을 거의 그대로 간직하고 있어서 당시의 시대상을 보
여 주는 건축물로 인정받아 헤리티지 플레이스Heritige Place

로 지정되었다.

1층 왼쪽에는 몽고메리가 결혼할 때 입은 웨딩드레스와 면사포, 신었던 구두가 전시되어 있다.

이곳에서 눈여겨볼 것은 몽고메리의 스크랩북이다. 몽고메리생가재단 소유인 스크랩북은 샬럿타운에 있는 컨페더레이션 아트 센터에서 보관하고 있지만, 매년 여름 스크랩북의 일부를 가져와 전시한다.

몽고메리가 어머니와 함께 지낸 방

몽고메리 파크

<u>Information</u>
위치 7512 PE-13, Green Gables, PE C0A 1M0
URL https://cavendishbeachpei.com/members-operators/montgomery-park

'유령의 숲' 산책로를 따라 끝까지 걸어가면 PE-13 도
로가 나온다. 예고 없이 눈앞에 나타나는 이 도로는 '숲
길 끝에는 뭐가 있을까?'라는 호기심과 기대감으로 산
책로를 걷는 이들을 위한 깜짝 선물 같다. 도로 건너편
에 몽고메리 공원이 있기 때문이다. 공원 안쪽에는 몽고
메리 동상이 있다.

'아름다움의 순간'A Glimpse of Beauty이라는 이름으로 불리는 이 동상은 그레이스 커티스Grace Curtis의 디자인과 나단 스콧Nathan Scott의 조각 및 주조로 만들어졌다. 몽고메리가 햇빛에 눈이 부셔 살며시 눈을 감은 것처럼 보이지만, 순수한 영감의 순간에 경외의 자세를 취하는 모습이라고 한다.

동상 둘레에 있는 고양이 두 마리가 시선을 끈다. 몽고메리는 어릴 적에 캣킨Catkin과 푸시윌로Pussy-willow라는 고양이를 키웠는데, 잿빛 줄무늬 털이 예쁜 푸시윌로를 특히 좋아했다. 그녀는 결혼 후 캐번디시에서 외할머니와 함께 키우던 대피Daffy를 기차에 실어 리스크데일까지 데리고 갈 정도로 고양이를 사랑했다. 노발Noval에서 키우던 럭키Lucky가 죽었을 때는 일기장에 열 페이지에 달하는 추도문을 썼다는 일화가 전해진다. 이는 앤 시리즈에도 반영이 되어 3권 『레드먼드의 앤』에서는 세 마리의 고양이가 비중 있게 그려진다.

Tip
이 공원을 몽고메리 문학 투어의 출발점으로 삼아도 좋다. 그린 게이블스와 몽고메리가 잠든 캐번디시 묘지, 그린 게이블스 우체국, 몽고메리가 다니던 교회, 조부모와 함께 살던 집터와 농장이 인근에 있다. 바로 옆 주차장에 무료로 주차할 수 있다.

맥닐 집터

Information
위치 8521 Cavendish Road Rte, PE-6, Cavendish, PE C0A 1N0
URL https://parks.canada.ca/cavendish
입장료(2023년 기준): 성인 $6.00, 65세 이상 $5.00, 17세 이하 무료

몽고메리 공원 뒤편에 있다. 몽고메리가 1876년부터 1911년까지 외조부모와 함께 살던 집과 농장이 있던 자리다. 집터를 포함한 인근 부지가 '루시 모드 몽고메리 캐번디시 국가 사적지'L. M. Montgomery's Cavendish National Historic Site로 지정되어 있다. 몽고메리는 아버지와 서스캐처원

에서 살 때, 공부를 위해 핼리팩스에 가 있을 때와 교사로 3년가량 일할 때를 제외하고는 결혼하기 전까지 대부분 세월을 이곳에서 조부모와 함께 지냈다. 그녀에게 이곳은 『그린 게이블스의 앤』을 비롯해서 많은 작품을 쓴 뜻깊은 장소다. 지금은 주춧돌과 지하로 내려가는 돌계단만 남아 있지만 넓은 터와 주위 풍경이 옛 농가의 분위기를 떠올리게 한다.

이곳의 가장 큰 특징은 몽고메리의 삶에 닿게 하는 안내 표지판이 많다는 점이다. "I was brought up by my grandparents in the old Macneill homestead in Cavendish."(나는 캐번디시에 있는 옛 맥닐 농장에서 외조부모님의 보살핌을 받으며 자랐다.)라는 문구 외에도 몽고메리에 관한 짧은 글을 곳곳에서 볼 수 있다.

집터 옆에는 텃밭인 듯 꽃밭 같은, 꽃밭인 듯 텃밭 같은 작은 정원이 단정하게 가꿔져 있다. 알록달록한 꽃들이 초록 식물과 어우러져 보는 이의 눈을 즐겁게 한다. 이는 꽃과 정원을 좋아하던 몽고메리를 기리기 위한 것이다. 몽고메리는 매일 아침 정원으로 달려가 밤사이 새로 핀 꽃을 보는 기쁨을 즐겼다고 한다.

앤 이야기에도 꽃이 중요한 소재로 등장한다. 장미·백합·수선화·제라늄·칼세올라리아·팬지·해당화·사과나무꽃·미나리아재비꽃·제비꽃·금련화·아이리스·양귀비·참나리·금잔화·데이지 등 다양한 꽃 이름을 만난다. 어릴 적 앤은 꽃으로 식탁 꾸미기를 좋아했고, 꽃밭을 직접 가꾸었다.

여섯 남매를 낳아 키우는 동안에도 변함없이 꽃을 사랑하는 앤의 모습이 그려진다. 6권 『잉글사이드의 앤』 5장에는 정원에 관한 몽고메리의 생각이 잘 녹아 있다. 이 부분은 앤이 자기 방 꽃병에 꽂을 6월의 백합과 길버트 서재 책상에 놓을 작약을 꺾는 장면으로 시작한다. 지는 해를 보며 감상에 잠긴 앤은 집안일과 아이들을 돌봐주는 수전에게 손댈 곳 없이 완벽한 정원은 별로 재미가 없다고 말한다. 자신이 직접 풀을 뽑고 흙을 갈아엎고 옮겨 심고, 가지를 잘라 내며 가꾸지 않으면 그 정원은 의미가 없기 때문이다.

오래된 길The old lane의 굽어 자라는 나무가 신기하다.

맥닐 책방

왼쪽에 보이는 작은 건물은
몽고메리가 할머니를 도와 일했던 부엌 우체국이다.
2019년 책방 옆으로 복원 및 이전되었다.

Information
위치 8521 Cavendish Road Rte, PE-6, Cavendish, PE C0A 1N0

맥닐 집터로 통하는 입구에 있다. 맥닐의 후손이 운영
하는 서점이자 몽고메리의 흔적을 볼 수 있는 작은 전
시 공간 역할을 겸한다. 벽에는 몽고메리의 외조부모 사
진, 과거 농장과 그 주변 모습을 담은 사진 액자가 걸려

있다. 몽고메리에 관한 책들과 다양한 종류의 엽서를 판매한다. 서점에서 눈여겨봐야 할 것은 과거 맥닐의 부엌 우체국에서 사용한 책상과 저울이다. 책상은 열어 볼 수 있게 해 놓았다. 그 안에는 200년 동안 지역 우체국에서 사용하고 몽고메리가 우체국 일을 할 때 사용했던 우편 인장이 들어 있었는데, 안타깝게도 2013년에 도난당했다. 이 일은 2013년 6월 1일 CBC 뉴스에 보도되기도 했다. 지금 있는 인장은 복제품이다.

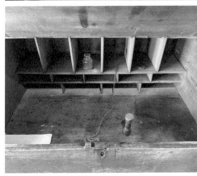

몽고메리가 우체국 일을 할 때 사용한
우편 인장 복제품

서점 내부 모습

그린 게이블스 우체국

캐번디시 사거리 인근에 있다. 우체국으로 운영되면서 19세기 우편 업무 관련 물품과 집기를 전시하고, 몽고메리의 생애를 보여 주는 자료들로 꾸며 놓았다. 갤러리 분위기를 풍기는 공간에는 몽고메리의 사진과 책들, 초판본 삽화 프린트 등이 전시되어 있다.

<u>Information</u>
위치 8555 Cavendish Rd, Cavendish, PE C0A 1M0

캐나다 캐번디시 연합교회

그린 게이블스 우체국 바로 옆에 있다. 몽고메리는 1903년부터 1911년까지 이 교회에서 오르간 연주자로 봉사했으며, 여기서 남편 이완 맥도널드를 만났다.

그녀는 온타리오주의 토론토 자택에서 사망했지만, 고향인 이곳 교회에서 장례식을 치렀다. 원래 몽고메리가 다니던 장로교회는 지금의 캐번디시 묘지가 있는 곳에 있었다. 이후 1900년대 초에 교차로 동쪽에 새로운 교회가 세워졌고, 현재는 연합교회다.

Information
위치 8543 Cavendish Rd, North Rustico, PE C0A 1X0

캐번디시 공동묘지

캐번디시 사거리 바로 옆, 몽고메리 공원 길 건너편에 있다. 'RESTING PLACE OF L. M. MONTGOMERY' 라는 글귀가 새겨진 아치문을 통과해 오른쪽 끝 도로변으로 향하면 몽고메리가 그의 남편과 함께 묻힌 묘가 있다. 부부의 이름과 출생, 사망 연도가 새겨진 묘비 위에는 팬들이 두고 간 예쁜 조약돌과 풀꽃이 놓여 있고, 묘비 앞에 제라늄과 작은 꽃들이 올망졸망하게 피어 있다. 입구 오른쪽에는 몽고메리의 외조부모와 어머니의 묘가 있다.

몽고메리의 외조부모와 어머니 묘

Information
위치 PE-13, Cavendish, PE C0A 1M0

상원 의원 도널드 몽고메리의 집

앤 박물관 도로 건너편에 있다. 몽고메리의 할아버지 도 널드 몽고메리(1808~1893)가 살던 집으로 지금은 호텔로 사용 중이다. 몽고메리는 1931년 6월 2일 자 일기에 "나는 어렸을 적에 할아버지 댁에 자주 가곤 했는데 그 것은 나에게 큰 기쁨이었다"라고 썼다. 몽고메리는 언제 나 다정하고 친절하게 자신을 대해 주는 할아버지를 사 랑했으며, 아버지와 살기 위해 떠나기 전날 이 집에 머 물며 일기를 썼다.

이곳은 『잉글사이드의 앤』, 『무지개 골짜기』, 『잉글사이드의 릴라』의 배경지로 몽고메리가 영감을 얻은 장소다. 젬이 태어난 '꿈의 집'에서 잉글사이드로 이사한 앤은 여기서 월터와 쌍둥이 자매인 낸과 다이, 셜리와 릴라를 낳아 키우며 아내로서 어머니로서 마을 구성원으로서 30대부터 50대까지의 시절을 보낸다.

 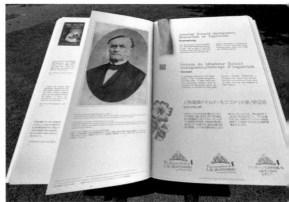

Information
위치 4615 Route 20, Park Corner, Kensington, PE C0B 1M0
URL http://www.montgomeryheritageinn.com

비더포드 목사관 박물관

Information
위치 784 Bideford Road, Rte 166, Ellerslie-Bideford, PE C0B 1J0
URL https://bidefordparsonagemuseum.com
입장료(2023년 기준): 어른 $9.00, 16세 이하 $3.00, 5세 이하 무료

프린스에드워드섬 관광안내센터에서 차로 1시간, 샬럿
타운에서 1시간 30분 거리에 있다. 과거에는 감리교회
목사관이었고, 지금은 19세기 후반 시골 농가의 삶을 전
시하는 유료 박물관으로 운영되고 있다. 몽고메리는 비
더포드 학교에서 근무할 때 이 목사관에 하숙했다.

그녀가 묵은 2층 방은 침대 외에 여행용 가방, 옷, 신, 모자, 화장대, 책꽂이, 오래된 책으로 채워져 있다. 이는 몽고메리가 사용한 것이 아니라 마을의 주민들이 기증한 옛 물건들이다. 책상 위에 놓인 당시의 학교 시간표와 출석부를 눈여겨볼 만하다. 오전 10시부터 시작하는 학교 일정과 교과목, 깨알처럼 작은 글씨로 쓴 학생들의 이름과 출결 사항이 흥미롭다. 아이들을 가르치면서도 글쓰기를 부지런히 했던 몽고메리에게 창문 밖의 탁 트인 풍경은 멋진 선물이었다.

몽고메리는 이 목사관에 하숙하면서 겪은 에피소드를 『그린 게이블스의 앤』에 담았다. 목사관의 호스트였던 에스티 부인이 이곳을 방문한 다른 목사에게 진통제로 맛을 낸 케이크를 대접한 사건이 있었는데, 이는 21장「새로운 맛의 탄생A New Departure in Flavorings」의 소재가 되었다. 마을에 새로 부임한 앨런 목사와 그의 부인이 그린 게이블스에 식사 초대를 받아 온 날, 앤은 한껏 솜씨를 발휘해 바닐라 향료를 넣은 케이크를 만든다. 바닐라 향이라고 적힌 병 속의 액체가 지난주 마릴라가 넣어 둔 진통제였음을 꿈에도 모른 채…. 이 일로 앤은 자신의 한심한 행동에 오열했지만, 앨런 부인의 따뜻한 위로에 눈물을 멈추고 함께 꽃밭을 구경한다.

몽고메리가 가르친 교과목과 시간표

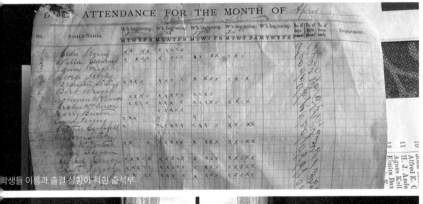

학생들 이름과 출결 상황이 적힌 출석부

창밖 풍경이 보이는 몽고메리의 책상

비더포드 학교터

몽고메리가 스무 살 때 교사가 되어 처음 학생들을 가르친 비더포드 학교가 있던 자리다. 그린 게이블스에서 서쪽으로 약 70㎞, 비더포드 목사관에서는 600m쯤 떨어진 곳에 있다. 몽고메리가 근무한 기간(1894.7.30.~1895.6.28.)을 적어 놓은 입간판이 예쁘다. 노트, 잉크병, 펜 그리고 검은 고양이 그림이 몽고메리를 떠오르게 한다. 입간판 뒤쪽에는 학생들이 소풍을 즐기던 장소와 나무로 지은 화장실이 있다. 이 학교는 1914년에 화재로 없어진 후 지역 공원으로 사용되다가 2018년 2월에 PEI 문화유산으로 지정되었다.

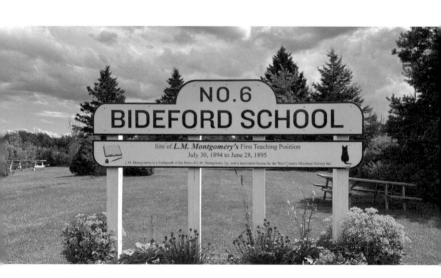

<u>Information</u>
위치 893 Bideford Rd, Ellerslie, PE C0B 1J0

벨몬트 학교

벨몬트 학교 건물은 캐번디시 바로 옆 뉴글래스고New Glasgow의 에이번리 마을Avonlea Village에 있다. 몽고메리가 1896년 10월부터 1897년 3월까지 근무한 학교로 원래는 캐번디시에서 서쪽으로 60㎞쯤 떨어진 곳에 있었다. 학교 건물이 복원되어 에이번리 마을로 이전되었고, 지금은 공예품 판매점으로 사용되고 있다. 가게 앞에 있는 작은 안내판이 이 건물이 예전에 벨몬트 학교였음을 알려 준다.

Information
위치 8779 PE-6, New Glasgow, PE C0A 1N0

로어베데크 학교

Information
위치 950 Callbeck St, Bedeque, PE C0B 1C0
입장료(2023년 기준): 성인 $5.00, 학생 및 노인 $5.00, 가족 $15.00

로어베데크는 몽고메리가 근무한 세 번째 학교로 프린
스에드워드섬 관광안내센터에서 17㎞ 떨어진 곳에 있
다. 그녀는 여기서 1897년 10월부터 6개월간 근무한 뒤
그의 일생에서 짧은 교사 생활을 마무리했다. 몽고메리
는 자서전에서 벨몬트 학교 시절을 무척 힘든 시간으로
표현한 반면, 여기서는 아이들이 솔직하고 수업 참여도
가 높아서 가르치는 일이 즐거우며 이전 학교보다 업무

량이 훨씬 줄어서 만족도가 높다고 썼다.

이 학교는 1840년에 문을 연 이후 1962년 6월 30일까지 운영되었다. 이후 학교 건물이 방치된 채로 있다가 후원자들의 도움으로 몇 차례의 보수 공사를 거쳐 2021년 지금의 위치로 옮겨졌다. 길 건너편에 있는 베데크 지역 역사 박물관Bedeque Area Historical Museum에서 관리하고 있다.

학교 문을 열고 들어가면 큰 난로가 있는 교실이 한눈에 들어온다. 이 학교를 거쳐 간 교사들의 이름과 근무 기간을 기록한 자료, 그 시절 사용했던 교탁과 책상, 의자, 석판 등이 이색 볼거리다.

교실 뒤쪽 벽에 걸린 액자 중에 '모드의 비밀스러운 베데크 로맨스'Maud's Secret Bedeque Romance가 눈에 들어온다. 몽고메리는 로어베데크에 머물 당시 사촌 에드윈 심슨Edwin Simpson과 약혼한 사이였으나, 하숙집 아들인 허머 리어드Herman Leard를 사랑하게 되어 두 사람 사이에서 감정의 줄타기를 하느라 괴로운 시간을 보냈다. 몽고메리는 그때의 솔직한 감정과 자신만이 아는 내밀한 이야기를 일기에 썼다. 하지만 외할아버지의 죽음으로 캐번디시에 돌아가야 했기에 이별과 파혼이라는 결정으로 두 사람과의 고통스러운 연애에 마침표를 찍는다. 그리고 캐번디시 교회에서 만난 이완 맥도널드 목사와 1906년 약혼한다.

모드의 비밀스러운 베데크 로맨스

Tip

1. 몽고메리가 가르친 세 학교는 교실이 하나뿐인 원룸 스쿨One-room school이었다. 그 당시 학생들은 오두막 같은 분위기의 교실에서 전 학년이 함께 모여 공부했다. 몽고메리가 여섯 살 때부터 다닌 캐번디시 학교도 원룸 스쿨이었고, 소설 속의 앤도 하나의 교실에 전 학년이 모여 함께 공부했다. 19세기까지 미국·영국·캐나다의 학교는 방이 하나인 건물이 일반적이었다.

2. 학교는 길 건너에 있는 베데크 지역 역사 박물관에서 관리하고 있다. 학교를 보기 전에 박물관을 둘러보는 것도 좋다. 옛날 벽시계와 탁상시계 컬렉션이 볼만하다. 매 정시가 되면 한꺼번에 울리는 다양한 종소리를 들을 수 있다.

3. 로어베데크 학교 앞길을 따라 100m 정도 걸어가면 허먼 리어드가 묻힌 센트럴 베데크 연합침례교회 묘지가 나온다.

켄싱턴역

Information
위치 62 Broadway St North, Kensington, PE C0B 1M0
URL www.kensington.ca

켄싱턴 마을에 있는 역이다. 몽고메리가 태어난 집에서 약 12㎞ 떨어진 곳에 있다. 앤이 매슈를 처음 만난 곳으로 알려져 있으나 이는 사실이 아니다.

켄싱턴역은 현재 프린스에드워드섬에 형체가 남아 있는 역사Station 가운데 외관이 가장 아름답고 애니메이션

디젤 기관차 Engine 1762. 역 안쪽 산책로 옆에 서 있다.

과 드라마가 만들어 낸 이미지가 더해져서 앤을 좋아하는 팬들이 방문하기 좋은 장소가 되었다. 몽고메리는 1890년 8월 11일, 아버지를 만나러 가기 위해 할아버지와 함께 이 역에서 기차를 탔다. 그녀는 열다섯 살에 처음 기차를 타 본 흥분을 일기에 썼다. "나는 기차를 타 본 적이 없지만 첫 탑승인 이 여행을 매우 즐겼다"라고.

캐번디시 해변

붉은 모래와 사암으로 절경을 이룬 바닷가다. 해 질 무렵
이면 노을의 색깔을 담아 모래가 더욱 붉게 보인다. 맑
은 날, 흐린 날, 바람 부는 날, 비 오는 날의 풍경이 저마
다의 매력을 뽐낸다.

몽고메리는 이곳에서 사진 찍기와 산책을 즐겼다. 그녀는 자서전에서 "해변은 내 의식이 시작될 무렵부터 삶의 일부였으며, 어떤 상황에서든 해변에 대해 알고 있고 해변을 사랑하도록 배웠다"라고 썼다.

Information
위치 590 Graham's Ln, New Glasgow, PE C0A 1N0

루시 모드 몽고메리 연구소

Information
위치 550 University Ave Charlottetown PE C1A 4P3
URL https://lmmontgomery.ca

루시 모드 몽고메리 연구소는 프린스에드워드아일랜드 대학교의 로버트슨 도서관 1층 안쪽(269A)에 있다. 1993년 4월 26일 출범 이후 국제회의, 연구 저널 및 학술 도서 출판, 전시회 등의 행사를 통해 몽고메리의 삶과 작품을 조명하고 기념하는 데 전념해 왔다.

연구소 사무실 맞은편에 있는 특별 컬렉션 서고에는
『그린 게이블스의 앤』컬러별 초판본과 자필 편지, 훈장,
몽고메리가 사용한 회중시계 등이 보관되어 있다. 대학
교 자료 구축 및 특별 컬렉션 사서를 통해서 특별 소장
품들을 볼 수 있다.

더 북 맨

Information
위치 46 Kensington Road, Charlottetown, PE C1A 9S8
URL https://lmmonline.org/kindred-spirits

컨페더레이션 아트 센터 근처에 있는 이색 서점이다. 새 책과 헌책, 희귀한 책을 함께 판매한다. 꽃바구니로 꾸 민 옛 건물의 외관과 입구에서 손님을 맞이하는 나무 병 정이 특색 있다. 천장 높이까지 가득 찬 책과 책장 곳곳 에 가로로 눕혀 놓은 책 진열 방식이 눈에 띈다. 입구 중 앙에 있는 지역 작가 코너에 몽고메리의 일기 모음집이 꽂혀 있고, 제일 안쪽 벽면 책장에도 몽고메리 작가와 그 의 작품을 따로 모아 두었다.

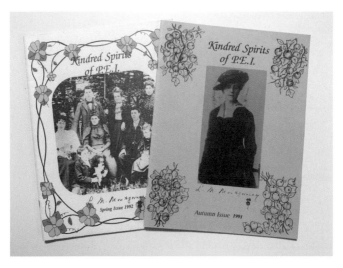

Tip

책장 사이를 다니며 꼼꼼히 살펴보면 〈Kindred Spirits of P.E.I.〉와 〈Kindred Spirits〉 같은 뉴스레터를 발견하는 행운을 만난다. 이는 그린 게이블스의 앤 박물관에서 1990~2012년에 발행한 분기별 뉴스레터다. 몽고메리의 생애와 작품에 관한 이야기, 계절마다 다른 섬의 풍경, 팬들이 쓴 글 등이 실려 있다. 'Kindred Spirits'는 앤이 중요하게 여긴 삶의 테마 중 하나다. 연대감, 서로를 부르는 영혼, 영혼의 단짝. 어떤 의미로 해석해도 좋을 듯하다. 작품 속에서는 다이애나 배리, 라벤더 루이스, 폴 어빙, 앨런 부인, 엘리자베스가 앤의 'Kindred Spirits'다. 순수한 영혼을 지닌 이들과 나이를 초월해 맺은 우정과 정신적 연대는 앤의 삶을 더욱 풍요롭게 하는 힘이 되었다.

6장

핼리팩스를 걷다

· 레드먼드의 앤을 찾아서 ·

앤 이야기의 주 무대는 프린스에드워드섬이지만, 노바스코샤NovaScotia와 뉴브런즈윅New Brunswick도 종종 나온다. 대서양 연안주로 불리는 이들 세 개 주는 작품 속에서 서로 연결되어 있다. 그린 게이블스 옆집에 새로 이사 온 해리슨은 뉴브런즈윅에서 왔고, 레드먼드 대학교에서 만나 절친이 된 필리퍼 고든은 노바스코샤 부호의 딸이다. 앤 또한 노바스코샤의 볼링브로크에서 태어났다. 캐나다 지도를 자세히 살펴보면 동부 끝자락에 프린스에드워드아일랜드주, 노바스코샤주, 뉴브런즈윅주가 인접해 있는 것을 볼 수 있다.

앤의 대학 시절을 그린 『레드먼드의 앤』은 킹스포트 Kingsport가 무대다. 몽고메리는 노바스코샤의 주도인 핼리팩스를 모델로 삼아 작품 속에서 킹스포트라는 도시를 만들었다. 앤이 고향 친구들과 함께 다니던 레드먼드 대학교는 이곳에 있는 댈하우지 대학교가 모델이다. 당시 프린스에드워드섬에서 배로 이동해야 했던 이 먼 도시를 무대로 삼을 수 있었던 것은 몽고메리의 실제 경험에서 비롯되었기 때문이다.

핼리팩스는 프린스에드워드섬과는 다른 아름다움을 지녔다. 영국의 요새로 개척된 도시로, 인공적인 아름다움이 녹아 있다. 핼리팩스의 여름은 여행자들로 활기가 넘친다. 가장 번화한 배링턴 거리는 전통과 현대의 미가 공존하는 건물들이 특징적인 볼거리다. 배링턴 거리의 출발점인 기차역(VIA Rail Canada)과 핼리팩스 시외버스 정류장에서 출발해 도심을 가로지르는 이 거리를 따라 걷다 보면 유산으로 지정된 교회와 성당, 오래된 건물들이 자주 눈에 띈다.

핼리팩스의 바다 풍경은 제각각 다르다. 인파로 북적이는 도심의 바다, 고즈넉한 마을을 낀 바다, 산과 인접한 바다, 휴양지의 바다는 저마다의 색깔과 분위기를 자랑한다. 맑은 날에는 저 멀리 바다에서 항구를 향해 천천히 다가가는 배들이 보인다.

여행객의 눈에는
옛 건물의 외형을 유지하면서
현대와 탈리함을 갖춘 모습으로 탈바꿈 중인
공사 현장이 신기하게 보인다.

세인트 폴 교회 St. Paul's Church
핼리팩스에서 가장 오래된 건물이다.

댈하우지 대학교

Information
위치 6299 South St, Halifax, NS B3H 4R2
URL https://www.dal.ca

핼리팩스에 있는 연구 중심 공립 종합대학교로, 애틀랜
틱 지역에서 가장 명성이 높다. 이 대학의 법학부와 의
학부는 수준이 높기로 널리 알려져 있다. 1818년 댈하
우지 백작이자 노바스코샤 부지사였던 조지 램지George
Ramsay에 의해 설립되었다. 12개 단과대학 안에 180개
의 학위 과정이 있으며 4천 개가 넘는 강좌를 개설하고
있다. 캠퍼스는 스코틀랜드의 에든버러 대학교를 본떠
지었다.

포레스트 빌딩 정문
과거 몽고메리는 여기서 영문학을 공부했
다. 지금은 간호학부, 작업치료학부, 물리
치료학부 학생들이 공부하는 건물이다. 포
레스트 빌딩 현관 입구에는 몽고메리의 사
진과 그녀가 공부했던 기록이 있다.

배링턴 거리

몽고메리가 댈하우지 대학교에서 공부할 때 머무른 하숙집(왼쪽)

핼리팩스 시내의 주요 거리다. 곧게 뻗은 거리를 따라 번
화가로 가는 길 양쪽으로 오래된 집과 옛 모습을 간직한
헤리티지 건물이 많아서 19세기의 건축 양식을 엿볼 수
있다. 몽고메리가 핼리팩스에 머물던 당시의 배링턴 거

배링턴 거리에서 내려다본 바다

리 모습은 알 수 없지만, 그녀는 이곳에서 학교와 하숙
집을 오가기 위해, 데일리 에코 신문사에 일하러 가기 위
해, 바다를 보고 공원에 산책하러 가기 위해 이 길을 수
없이 걸었을 것 같다.

올드 버링 그라운드

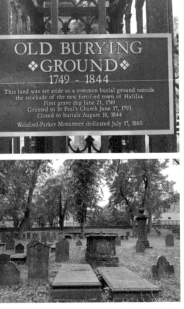

Information
위치 1361 Barrington St, Halifax, NS B3J 1Y9
URL https://oldburyingground.ca

핼리팩스에 있는 유서 깊은 묘지로 배링턴 거리와 스프
링 가든 거리Spring Garden Street가 만나는 지점에 있다. 이곳
은 핼리팩스의 관광지로 유명하다. 1749년에 만들어져
서 1844년까지 사용된 묘지로 1만 2천여 명이 잠들어
있다. 입구에는 크림 전쟁에서 전사한 노바스코샤 출신
의 두 병사를 기리는 비가 있고, 그 위에 사자상이 앉아

있다. 입구 밖에 붙은 안내 표지판에는 이 묘지가 『레드 먼드의 앤』에 묘사되었다고 적혀 있다.

이야기 속에서는 올드 세인트 존 묘지Old St. John's Graveyard 라는 이름으로 등장한다. 몽고메리는 일기에서 핼리팩스 거리를 그다지 좋아하지 않는다고 썼지만 이 묘지만은 다르다고 했다. 그래서 작품 속에서 중요한 역할을 부여했고, 대학교를 입학한 앤이 필리퍼 고든을 처음 만난 장소로 설정했다.

앤은 도시 한복판에 있는 이 묘지만큼 옛 모습 그대로 자연스럽고 멋있는 곳은 없다고 생각했다. 그래서 자주 이곳을 찾아 자연과 교감하며 위안을 얻고 기분 전환을 했다. 오래된 석판 중 하나에 앉아 눈을 감고 자신이 에이번리의 숲에 있다고 상상하는가 하면, 밤이면 하숙집 방에서 건너편 묘지를 바라보며 달빛을 받은 거무스름한 사자상과 그 뒤로 빼곡히 선 나무들을 감상하곤 했다. 묘지의 석판에 앉아 고향을 생각하고 위안의 장소로 삼은 앤의 행동은 한국인의 정서와는 거리가 멀다. 하지만 캐나다 곳곳에 있는 공동묘지와 성당 및 교회 옆의 묘지를 직접 보고 걸으면 묘지가 결코 무섭고 스산한 곳이 아니라는 사실을 알게 된다.

올드 트라이앵글 아이리시 에일하우스

프린스 거리Prince Street에서 항구 방향으로 100m 정도 내려가면 오른쪽에 4층짜리 붉은 벽돌 건물이 있다. 몽고메리가 핼리팩스에서 1901년부터 1902년까지 9개월간 일한 데일리 에코 신문사The Daily Echo 건물이었으나, 지금은 레스토랑으로 이용되고 있다.

몽고메리는 신문사에서 교정자와 총무 담당 직원으로 일하면서 겪은 풍부한 경험을 일기에 썼다.

조판실에서 기계가 돌아가면서 악마 같은 소리를 낸다고 표현하는가 하면, 사교계 소식을 위조하는 일의 고충을 토로했다. 오후 6시 30분까지 사무실을 지키면서 전화를 받고 전보에 서명하고 추가로 나오는 교정쇄를 검토하면서 종일 바쁘게 일했다고 한다. 편집자가 연재하는 이야기를 수정하는 일도 했다는 사실은 숨은 에피소드다. 퇴근 후에는 너무 피곤해서 글을 쓸 수 없었기에 사무실에서 여유가 생길 때마다 틈틈이 글을 쓰려고 애썼다고 한다.

Information
위치 5136 Prince St, Halifax, NS B3J 1L4

포인트 플레전트 공원

핼리팩스의 제일 남쪽에 있는 해양 공원이다. 푸른 바다
와 숲이 어우러진 이곳에는 소나무를 비롯해 다양한 나
무와 풀이 무성하다.

Information
위치 5530 Point Pleasant Dr, Halifax, NS B3H 1B5

완만한 산책로를 따라 오르면 나무 사이로 바다가 보인다. 이 공원은 『레드먼드의 앤』의 실제 배경이 된 장소이기도 하다. 4장은 영국 식민지 시대까지 거슬러 올라가는 킹스포트의 역사와 공원의 모습을 설명하는 것으로 시작한다. 요약하면 '공원에는 해안선을 지키는 둥근 포탑이 서 있고 건너편 언덕에는 지금은 쓰지 않는 옛 프랑스군 진지가 가로놓여 있다. 광장에 있는 몇 기의 대포는 당시 킹스포트가 영국과 프랑스 간의 쟁탈전으로 양쪽에 차례로 점령되면서 버티어 온 상처의 흔적'이라고 묘사되어 있다.

앤과 길버트는 대학교 친구들과 함께 이 공원을 산책했다. 항구 해안을 따라 오르며 구불구불한 길에서 소나무 아래 가을의 아름다움과 고요함을 즐겼다. 앤은 아무도 모르게 여기 와서 소나무들과 이야기를 나누며 행복한 기분에 젖었고, 슬픔이 닥쳐오면 소나무로부터 위로받았다. 몽고메리는 자신이 불행할 때 이 공원에서 위안을 얻은 것처럼, 앤도 이곳에 데려다 놓았다. 앤이 레드먼드에서 2년 동안 만난 로이 가드너로부터 프러포즈를 받은 장소이기도 하다.

공원의 가장 높은 지점에는
프린스 오브 웨일스 타워Prince of Wales Tower가 있다.
핼리팩스 방어 전략으로 건설된 이 포탑은
역사적, 건축적 특징 및 방어 구조로서의 중요성을 지닌다.

작가의 말

잘못 탄 기차에서 만난 풍경_김희준
일상으로 돌아와 여전히 앤과 함께_김은아

잘못 탄 기차에서 만난 풍경

김희준

토론토피어슨국제공항에서 국내선인 에어캐나다를 타고 2시간가량 하늘에 있으면 몽튼국제공항에 도착한다. 14년 전 처음 이곳에 왔을 때는 한국인이 거의 없었는데 지금은 1천여 명이 살고 있다. 영어와 프랑스어를 같이 사용하는 지역이라 어딜 가든 두 개 언어로 된 표지판과 간판, 이정표, 각종 안내문이 보인다. 몽튼은 교통의 요지다. 규모는 작지만 국제공항이 있기도 하고, 대도시인 토론토·퀘벡·오타와·몬트리올은 물론 미국까지 어디로든 통한다.

무엇보다 루시 모드 몽고메리가 태어나고 자란 곳이자, 소설 앤 이야기의 무대가 된 프린스에드워드섬과 무척 가깝다. 차로 1시간 남짓이면 육지에서 섬으로 들어가는 유일한 통로인 컨페더레이션 브리지에 도착한다. 이 다리를 건너 섬에 도착해 주도인 샬럿타운까지 가는 데는 40분이면 충분하다. 또 몽고메리가 영문학을 공부하고 '데일리 에코' 신문사에서 일하는 동안 머물렀던 핼리팩스까지는 차로 2시간 30분쯤 걸린다.

건강에 위기가 찾아온 것도 뜻하지 않은 일이지만, '앤'에 빠지게 된 것은 더더욱 원하던 바가 아니다. 입만 열면 '앤'을 외치는 처제가 2016년과 2017년에 연이어 이곳을 다녀가더니 2023년 여름에 또 왔다. 이렇게 먼 곳까지 오면서 몽고메리와 앤 관련 자료들을 챙겨오다니. 그 열정에 감탄하면서도 솔직히 왜 저렇게까지 하는지 이해되지 않았다.

"형부, 지금부터 이 자료들을 다 읽으세요. 아는 만큼 보인다는 말은 진리입니다. 때로는 잘못 탄 기차가 목적지에 데려다준다고 하잖아요. 나중에 저한테 고마워하게 될 거예요."

무슨 말을 하는 건지 모르겠지만 처제는 그렇게 말했다. 고백하면 앤 입문은 100% 타의에 의한 것이다. 2009년인가? 가족과 함께 초록지붕집을 처음 보러 갔을 때는 앤이 실존 인물인지 소설 속 인물인지도 몰랐고, 작가가 누구인지 관심조차 없었다. 2016년과 2017년, 처제 등쌀에 못 이겨 또 갔을 때도 이곳에 뭐 볼 게 있다고 사람들이 비행기까지 타고 오는지 이해되지 않았다. 그래서 이번에도 길 안내만 하겠다는 소극적인(?) 목표를 남몰래 세워 놓고 아내, 처제 부부와 함께 출발했다.

그런데 섬을 돌면 돌수록 마음의 바람이 엉뚱한 쪽으로 부는 게 아닌가. 쉴 새 없이 쏟아내는 앤의 수다가 귓가에서 맴돌질 않나, 앤과 매슈가 마차를 타고 갔을 법한 붉은 숲길을 일부러 찾아서 달려 보질 않나, 몽고메리가 걸었던 캐번디시 해변을 카메라에 담느라 분주하게 움직이질 않나. 이런 내 모습이 어이없어서 웃음이 났다. 기차를 타도 한참 잘못 탔다는 생각이 드는 순간『그린 게이블스의 앤』마지막 장의 제목인「The bend in the road」가 마음 깊숙이 들어왔다. 두 번의 수술 후 폐에 남아 있는 암세포를 친구 삼아 지내면서 부여잡고 있던 욕심을 비우고 내려놓았지만, 시시때때로 찾아오는 불안과 혹시나 하는 기대 사이를 오가는 나에게 환한 빛처럼 다가온 문장이다.

대부분 번역서에는 'The bend in the road'가 '길모퉁이'로 되어 있다. 하지만 이 섬의 수많은 길을 직접 걸어 본 독자로서 또 다른 표현을 찾아보고 싶다는 욕심이 생겼다. 섬을 돌면서 만난 길, 소설의 배경이 된 곳에서 만난 길들은 곧기도 하고 휘어 있기도 하고, 끝이 보이기도 하고 보이지 않기도 하고, 갈래로 나눠지기도 하고 또 다른 곳으로 통하기도 하고 출발했던 곳으로 되돌아가는 통로이기도 했다. 어떤 길에는 햇살이 내리쬐었고 키 큰

나무들로 그늘이 짙은 곳에서는 오싹함이 느껴졌다. 숲길 양쪽의 순한 나무들이 만들어 놓은 아치형 터널은 시원한 그늘을 선물했다.

앤은 매슈 아저씨의 죽음 이후 대학 진학을 포기하고 그린 게이블스와 마릴라 아주머니를 지키겠다고 결심한다. 꿈의 크기는 줄어들었지만, 앤은 좌절하기보다는 또 다른 희망을 품었다.

"And there was always the bend in the road!" 위로처럼 다가온 이 문장에 이끌려 몽고메리의 삶을 탐색하고 서점에 들를 때마다 'Lucy Maud Montgomery'가 적힌 책을 찾았다. 신중하게 골라서 산 책을 줄 그어가며 읽는 재미가 이렇게 클 줄이야. 새로운 사실을 알게 된 순간의 기쁨을 자랑하느라 아내와 처제 앞에서 신나게 이야기보따리를 풀어놓았더니 아내가 "오, 논문 쓸 각인데?" 하면서 신명을 부추겼다. 알면 알수록 더 알고 싶어지고, 눈으로 확인해야 할 장소가 자꾸 생기고 놓친 부분을 채우고 싶은 욕심에 마음이 들썩였다. 그렇게 탐방을 마치는 날 처제가 또 숙제를 냈다.

"형부, 사진 정리하고 글 쓸 준비 해야죠."

"엥, 그건 또 무슨 소리?"

"잘못 탄 기차의 종착역은 형부가 책을 내는 거예요."

"내가 왜? 유명하지도 않은 사람이 쓴 책을 누가 본다고? 나는 가이드 역할로 만족하겠어."

"글을 써야 진짜 공부가 되고 정리가 돼요."

"나, 글솜씨 없는데…."

"글을 솜씨로 쓰나요? 그 무언가에 대한 애정으로 쓰는 거죠."

그렇게 또 등 떠밀려서 인생 지도에 없던 글쓰기에 도전해 보았다. 뒤늦게 '앤'에 빠진 나를 귀엽게 바라봐 준 아내와 작가의 삶과 문학이라는 세계에 발을 딛게 해준 처제, 이번 여행을 위해 물심양면으로 지원을 아끼지 않은 동서에게 고맙다는 말을 전한다. 야무지게 자기 인생을 개척해 가는 딸 수빈이, 밥 잘 챙겨 먹고 있을 테니 아무 걱정 말고 여행 잘 다녀오라며 배웅해 준 아들 정현이에게 한 번도 하지 못한 말을 슬그머니 꺼내 본다.

"수빈아, 정현아! 사랑해." 그리고 희망을 찾아가는 이들과 'The bend in the road'를 공유하고 싶다. 아직 다른 표현을 찾지 못했지만, 여전히 이 문장이 참 좋다.

일상으로 돌아와 여전히 앤과 함께

김은아

캐나다를 다녀온 것은 세 번이지만 육로로 섬에 들어갈 기회를 일곱 번이나 얻었으니, 이것은 행운이고 기적이다. 루시 모드 몽고메리의 삶과 앤을 찾아가는 '책걸기'를 하게 된 기회에 감사하며 캐나다에 머무는 시간을 허투루 쓰지 않으려고 노력했다. 별나다면 별나고, 고집스럽다면 고집스럽고, 이기적이라면 이기적인 문학 여행을 많은 이의 도움과 응원 덕분에 무사히 마쳤다.

아이 키우느라 일하느라 바빠서 혼자 떠나는 일은 상상조차 할 수 없다고 말하는 이들의 부러움을 안고 떠났기에 미안한 마음이 컸다. 이 기회를 만들기 위해 남모르게 들인 노력을 떠나, 아이 없이 사는 부부이고 프리랜서니 움직임이 자유로운 건 사실이다. 매번 가족애를 내세우며 떠났다. 그러나 이면에는 몽고메리 작가와 앤을 향한 애정이 자리하고, 직업과 무관하지 않은 투자이기도 하다.

그래서 무엇 하나라도 더 담으려고 두 눈 크게 뜨고 귀를 열었더니 기억에 남는 에피소드가 많다. 하루는 퀜싱턴 역에서 안내 표지판을 읽고 있는데 30대 후반으로 보이는 캐나다 남성이 중국어로 말을 걸어왔다. 무언가를 열심히 알려 주려는 것 같아서 무슨 뜻인지도 모른 채 한참을 듣다가 우리는 한국에서 왔고, 몽고메리와 앤을 만나는 여행을 하고 있다고 얘기했다. 그랬더니 그는 중국인으로 착각하고 인사한 것에 사과하고는 다시 이야기를 이어 갔다. "이 마을은 어머니의 고향이며, 우리 어머니도 앤을 좋아하신다"라고 반색하면서 자신도 이곳에 살고 있다고 했다. 젊은이들이 자꾸 고향을 떠나서 걱정인데 여기로 이사 오라는 농담을 하기에 유쾌하게 웃었다. 농어촌 지역의 인구 감소가 한국만의 문제가 아니라는 사실을 알게 된 순간이다. 잠깐의 대화였지만 다른 나라에서 온 여행자에게 자기 마을을 알리고 자랑하는 시골 청년의 당당한 모습이 지금도 눈에 선하다.

이번 책걷기에서 가장 특별한 경험은 프린스에드워드아일랜드 대학교 도서관에 있는 몽고메리 연구소에 들른 일이다. 처음 갔을 때는 아무한테나 개방하는 곳이 아닌 것 같아서 문 앞을 기웃거리다가 그냥 돌아왔다. 그런데 어느 날 아침, 형부가 도전정신을 부추겼다. "오늘 연구소에 한 번 더 가 보자. 가서 누구에게든 궁금한 걸 물어보는 거야. 어때?" 그렇게 다시 찾아가 연구소 문을 두드렸고 켄싱턴 역에서 만난 청년에게 했던 말을 그대로 옮기듯 방문 목적을 말했다. 우리는 한국에서 왔으며, 몽고메리의 삶을 공부하고 앤 이야기의 무대를 여행하고 있다는 말에 직원은 대학교 도서관 사서에게 우리를 안내했다.

사서는 "Amazing!"이라는 감탄사로 낯선 이들을 환대하고는 특별 컬렉션 서고에서 꺼내 온 *Anne of Green Gables* 컬러별 초판본을 비롯해 몽고메리가 받은 훈장과 친필 편지, 유품인 회중시계를 보여 주며 상세한 설명을 곁들였다. 흰색 장갑을 끼고 소장품을 조심스레 다루면서도 눈으로 충분히 볼 수 있도록 배려해 주는가 하면, 몽고메리의 희귀 도서를 직접 검색해 주기까지 했다. 헤어질 때는 연구소에 관심 가져 줘서 고맙다는 인사와 함께 도서관 입구까지 배웅해 주는 친절함을 보여 줬다. 순간 'Kindred Spirits'를 떠올렸다. 약속도 하지 않고 불쑥 찾아온 방문객을 홀대하지 않고 긴 시간을 내준 사서를 오래도록 기억하게 될 것 같다. 헤어질 때 받은 명함을 지금도 소중히 보관하고 있다.

캐나다에 도착하던 날 공항에서 본 세 명의 여성도 가끔 생각난다. 50대 초반으로 보였는데 잠깐의 차이를 두고 입국 심사를 받았다. '혹시 PEI에 가는 걸까?' 만약 그렇다면 굉장한 도전이고 멋진 일이라는 생각이 들었다. 로어베데크 학교에 있는 방명록(2023년 8월 9일 자)에서 한국어를 발견했다. "엄*영, 김*정, 유*은 추억을 쌓고 갑니다." 나란히 적힌 이름을 본 순간 '혹시 공항에서 봤던 그들일까?' 하는 생각이 스쳤다. 만약 그들이 주부라면 여러 한계와 제약을 뛰어넘고 온 것이다. 8월 3일 자 방명록의 한 줄도 눈에 띄었다. "한국 김*희 왔다 갑니다." 혼자 이 먼 곳까지 왔다면 몽고메리의 진정한 팬이다. 만난 적은 없지만 같은 관심사를 갖고 있다는 이유만으로도 반갑고 통하는 느낌이었다.

책걷기를 하면서 함께 앤 읽기를 하는 벗들을 자주 떠올렸다. 그들은 누구보다 아름답게 사는 'Kindred Spirits'이다. 삶의 방향이 비슷한 이들과의 정서적 교류와 연대는 언제나 든든하다. 하지 못할 핑계보다 해야 할 이유를 찾아서 행동으로 옮기는 그들과 기회가 된다면 프린스에드워드섬으로 날아가고 싶다. 석양을 바라보며 라즈베리 음료를 같이 마시는 상상을 해 보았다. 감동과 재미, 깨달음이 있는 '몽고메리 & 앤' 투어가 되도록 코스를 짜 놓았다. 그리고 최적화된 현지 가이드 '김희준'도 있다.

무엇보다 이번 '책걷기'가 형부의 숨은 감수성 발견과 문학의 세계로 들어가는 통로가 된 것 같아서 기쁘다. 처음에는 "1권만 읽으면 되지 뭘 다 읽어? 나는 그린 게이블스만 안내할 거야"라고 말하던 사람이 'The bend in the road'에 반해서 몽고메리의 생애와 앤 이야기 탐구에 몰입하기 시작했다. 연구자도 아닌데 관련 논문까지 찾아 읽는 정성이라니. 형부의 몰입과 끈기 덕분에 잘 알려지지 않은 곳까지 찾아갈 수 있었다. 이번 책걷기에서 몽고메리가 인생의 절반을 보낸 온타리오주 리스크데일과 노발에 가 보지 못한 것이 아쉽지만, 삶의 이정표가 언젠가는 그곳으로 안내할 거라고 믿으며 돌아온 일상에 최선을 다하고 있다.

무조건 갔다 오자며 휴가를 내어 동행해 준 남편, 체력적으로 힘들 텐데도 현지 가이드 역할을 넘어 맹렬하게 앤의 세계로 뛰어든 형부, 동생의 고집을 눈감아 주고 밥과 간식을 정성스럽게 챙겨 준 언니를 향한 고마움이 크다. 캐나다에 있는 동안 자주 고모의 안부를 묻고 한국 도착하는 날에도 제일 먼저 반겨준 아홉 살 조카 강현이, 사춘기이지만 고모와 고모부한테는 여전히 친절한 열 두 살 조카 승후에게 "너희들은 세상에서 가장 사랑스러운 아이"라고 말해 주고 싶다.

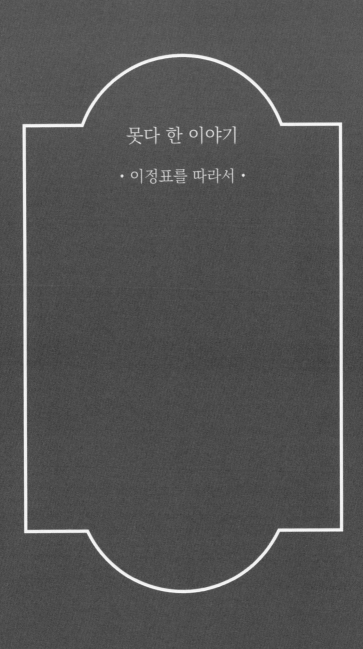

못다 한 이야기

· 이정표를 따라서 ·

책에 나온 지명을 이정표로 만나 보세요

이정표는 도로에서 어느 곳까지의 거리 및 방향을 알려 주는 표지다. 여행지에서 만나는 이정표는 고맙고 반가운 길동무다.

목적지에 가까워짐을 알려 주어 희망을 주고, 길을 잃지 않게 해 주니 얼마나 고마운지. 이정표의 또 다른 의미는 어떤 일이나 목적의 기준을 말하는 것이다. 이 소중한 시간이 주는 의미는 무엇일지, 이 여행의 끝에는 어떤 일이 펼쳐질지, 꼭 하고 싶고 해야만 하는 일을 마치고 나면 내 삶에 어떤 변화가 있을지, 새로운 경험으로 생각이 얼마만큼 넓고 깊어질지, 함께 여행한 우리 가족의 마음은 어디로 흘러갈지….

목적지를 향해 가는 동안 두 가지 뜻을 가진 이정표를 부지런히 카메라에 담았다. '거의 다 왔어.' '아직 많이 남았네!' '어머, 저렇게 작은 이정표가 있다니.' '눈에 잘 띄어서 좋은데.' '저런 데도 이정표가 있다니….' 감탄하고 놀라고 미소 지으며 이정표에 말을 걸었다. 내비게이션이 있지만 이정표는 여행의 맛을 제대로 느끼게 한다.

이정표 너머의 하늘을 보게 하고 땅도 보게 하니까. 위로, 아래로, 옆으로 펼쳐진 풍경이 저절로 눈에 들어오니 마음에 담을 수밖에…. 그저 좋다. 우리네 삶도 이정표처럼 분명한 방향을 알고 가는, 그래서 확신에 찬 여행이라면 얼마나 좋을까?

↑Hunter River 32km
Charlottetown 63km
Morell 96km

• Independent Grocer
902-836-4709
🛒 300m →

$ Rx 🏆 →

Broadway 45
902-836-4555
🏆 50m →

STOP

Information

KENSINGTON RAIL YARDS

Island Stone Pub

Willow Bakery & Café

참고 자료

단행본

· **그린게이블즈 빨강머리 앤(1~10권)**
  루시 모드 몽고메리 지음, 계창훈 그림, 김유경 옮김, 동서동서문화사, 2014.
· **루시 모드 몽고메리 자서전** 루시 모드 몽고메리 지음, 안기순 옮김, 고즈원, 2007.
· **루시 몽고메리의 빨강 머리 앤 스크랩북**
  엘리자베스 롤런스 에펄리 지음, 박혜원 옮김, 더모던, 2020.
· **레드먼드의 앤** 루시 모드 몽고메리 지음, 마크 그래함 그림, 공경희 옮김, 시공주니어, 2015.
· **빨간 머리 앤** 루시 모드 몽고메리 지음, 조디 리 그림, 김경미 옮김, 시공주니어, 2019.
· **빨간 머리 앤** 루시 모드 몽고메리 지음, 김지혁 그림, 김양미 옮김, 인디고, 2008.
· **빨강머리 앤** 루시 모드 몽고메리 지음, 고정아 옮김, 월북, 2019.
· **빨강머리 앤(1~8권)** 루시 모드 몽고메리 지음, 유보라 그림, 오수원 옮김, 현대지성사, 2023.
· **빨강머리 앤이 사랑한 풍경** 캐서린 리드 지음, 정현진 옮김, 터치아트, 2019.
· **빨강 머리 앤의 정원** 박미나 지음, 루시 모드 몽고메리 원작, 김잔디 옮김, 지금이책, 2021.
· **에이번리의 앤** 루시 모드 몽고메리 지음, 김서령 옮김, 허밍버드, 2017.
· **에이번리의 앤** 루시 모드 몽고메리 지음, 김지혁 그림, 정지현 옮김, 인디고, 2014.
· **에이번리의 앤** 루시 모드 몽고메리 지음, 클레어 지퍼트 그림, 김경미 옮김, 시공주니어, 2015.
· **초판본 빨강머리 앤** 루시 모드 몽고메리 지음, 박혜원 옮김, 더스토리, 2020.

원서

· *Anne of Avonlea* L. M. Montgomery, Bantam, 1984.
· *Anne of Green Gables* L. M. Montgomery, Bantam, 1982.
· *Anne of Ingleside* L. M. Montgomery, Bantam, 1984.
· *Anne of the Island* L. M. Montgomery, Bantam, 1983.
· *Anne of Windy Poplars* L. M. Montgomery, Bantam, 1983.
· *Anne's House of Dreams* L. M. Montgomery, Bantam, 1983.
· *L.M.Montgomery: The Norval Years 1926~1935* wordbird press, 2006.
· *Pat of Silver Bush Sourcebooks,* Lucy Maud Montgomery, 2014.
· *Rainbow Valley* L. M. Montgomery, Bantam, 1985.
· *Rilla of Ingleside* L. M. Montgomery, Bantam, 1985.
· *The Anne of Green Gables The Original Manuscript* Lucy Maud Montgomery,
  Edited by Carolyn Strom Collins, Nimbus Publishing(CN), 2019.
· *The Lucy Maud Montgomery Album* Alexandra Heilbron,
  Kevin McCabe co-editing, Fitzhenry & Whiteside Ltd, 2008.
· *The Selected Journals of L.M. Montgomery, Vol. II(1910-1921)*
  Mary Rubio & Elizabeth Waterston co-editing, Oxford University Press, 2014.
· *The Selected Journals of L.M. Montgomery, Vol. III(1921-1929)*
  Mary Rubio & Elizabeth Waterston co-editing, Oxford University Press, 2014.
· *The selected journals of L.M.Montgomery, Vol. I(1889-1910)*
  Mary Rubio & Elizabeth Waterston co-editing, Oxford University Press, 2000.

웹사이트

- https://sarahemsley.com
- https://lmmontgomeryliterarytour.com
- https://en.wikipedia.org/wiki/Lucy_Maud_Montgomery
- https://ko.wikipedia.org/wiki/University_of_Guelph
- https://www.capejourimain.ca
- https://www.confederationbridge.com
- https://www.municipalityofhunterriver.com
- https://parks.canada.ca/lhn-nhs/pe/greengables
- https://cavendishbeachpei.com/members-operators/montgomery-park
- https://parks.canada.ca/cavendish
- http://lmmontgomerybirthplace.ca
- https://www.annemuseum.com
- http://www.montgomeryheritageinn.com
- https://bidefordparsonagemuseum.com
- https://confederationcentre.com
- https://www.anneandgilbert.com
- https://lmmonline.org/kindred-spirits
- https://oldhomeweekpei.com
- https://www.peimuseum.ca/visit/beaconsfield-historic-house
- http://www.elmwoodinn.pe.ca
- https://lmmontgomery.ca
- https://www.dal.ca
- https://oldburryingground.ca
- https://lmmonline.org
- https://lucymaudmontgomery.ca
- https://www.thecanadianencyclopedia.ca/en/article/montgomery-lucy-maud
- https://lmmontgomerynorval.com
- https://kensington.ca
- https://pgdpcanada.net

논문

- 강석진, 「『빨강머리 앤』의 신화」, 『Asia-Pacific Journal of Canadian Studies』 제23집 1호, 한국캐나다학회, 2017.
- 강석진 · 고미진 · 이종우 · 강규한, 「캐나다의 문화, 정체성, 그리고 캐나다의 아동문학」, 『영미문학교육』 제26집 1호, 한국영미문학교육학회, 2022.
- 고길환, 「캐나다 문학과 관광-빨강머리 앤』을 중심으로」, 『영미연구』 제30집, 한국외국어대학교 영미연구소, 2014.
- 장수경, 「세계명작 『빨강머리 앤』의 수용양상과 의미-인쇄매체를 중심으로」, 『아동청소년문학연구』 제31호, 아동청소년문학학회, 2022.
- 장수경, 「애니메이션 〈빨강머리 앤〉의 수용과 의미」, 『동화와 번역』 제44집, 건국대학교 GLOCAL(글로컬)캠퍼스 동화와번역연구소, 2022.

앤과 함께 프린스에드워드섬을 걷다

루시 모드 몽고메리의 삶과 앤을 찾아 떠난 여행

초판 1쇄 2024년 1월 21일
   2쇄 2024년 10월 20일

글 김은아 · 김희준
펴낸이 김수영

경영지원 최이정 · 박성주
마케팅 박지윤 · 여원 브랜딩 박선영 · 장윤희
교정·교열 김민지 편집 디자인 서민지 · 김은정

펴낸곳 담다 출판등록 제25100-2018-2호 (2018년 1월 5일)
주소 대구광역시 달서구 문화회관길 165, 대구출판산업지원센터 402호
전화 070.7520.2645 메일 damdanuri@naver.com
인스타 @damda_book 블로그 blog.naver.com/damdanuri

ISBN 979-11-89784- 39-3 (03940)

도서출판 담다는 생각과 마음을 담은 원고 투고를 기다리고 있습니다. 작가의 꿈을 이루
고 싶은 분은 이메일 damdanuri@naver.com으로 출간기획서와 원고를 보내주세요.